呂思勉手稿珍本叢刊

中國古代史札録

20

四裔（總）

呂思勉　著

上海古籍出版社

第二十册目録

四裔（總）

四裔（總）

四裔提要

「四裔」一類的札録，原有「四裔（總）」「四裔（東）」「四裔（西）」「四裔（南）」「四裔（北）」「四裔（敵）」和「東史拾遺暨渤海女真史料」七包，各包内又分若干札或若干小札。這七包札録，大部分是吕先生從《史記》《漢書》《後漢書》和新舊《唐書》及《資治通鑑》等史籍中摘出的資料，部分是讀《韓國小史》《中國南洋交通史》《交廣印度兩道考》《中華民族南洋拓殖史》等書籍以及報刊雜誌時的筆記。

吕先生的札録，天頭或紙角上常會標出分類名稱，如「四裔」「四夷」「地理」等，有些札録寫有題頭，如第二十册第一、二、二一頁的「六夷」「長人」「靈帝好胡服」等。抄録的資料，詳略各有不同，大多是節録或剪貼史籍原文，或僅在題頭下記録資料出處，如第二十册第二二頁「秦胡」注見「國志一12下、六12上」（即《三國志·魏志》卷一第十二頁反面、卷六第十二頁正面）。第二十册第三四頁「金人謂鴨緑水謂混同江」注見「鑒百八十一11上」（即《資治通鑑》卷一八一第十一頁正面）。也有不少札録先生加了按語，如第二十一册第二九頁「中國古人好諱——類夫餘」條，下有「勉案：觀《荀子》有『成相篇』可知（看標題下注）」。又如第二十一册第九、五六、一六二、一六九頁等，都有長短不一的按語。

「四裔」各包，也有很多剪報資料，此次整理只收録了一小部分；札録的手稿部分，均按原樣影印刊出。

六帝

晉書天文志月五星犯列舍 永寧元年自正月至于閏月五星互經天縱横無常、、、是時台鼎方伯互執大權二帝流亡遂至六帝更王迭據華夏亦載籍所未有也（134）

長人

北史高允傳 神武初起也范陽盧曹亦以勇力
稱爲尒朱（氏）守擁薊神武厚禮之以昂（高昂）相擬[redacted]曰
宜素與從來爲之曹之恒田將曰（曰將田也）舍良比國士遂寧
其後自薊入海島得長人骨以髑髏爲馬皁？脛長
丈六尺以爲之蹄送其一於神武神武謝將莫邪用雕刻
樂陵張舉之未貧書遂疾痛轉聞於外巫言海神
爲祟遂卒

睞谷氏

舊唐書張孝忠傳其子茂宗尚義章公主孝忠遣其妻鄰國夫人睞谷氏入朝執親迎之禮

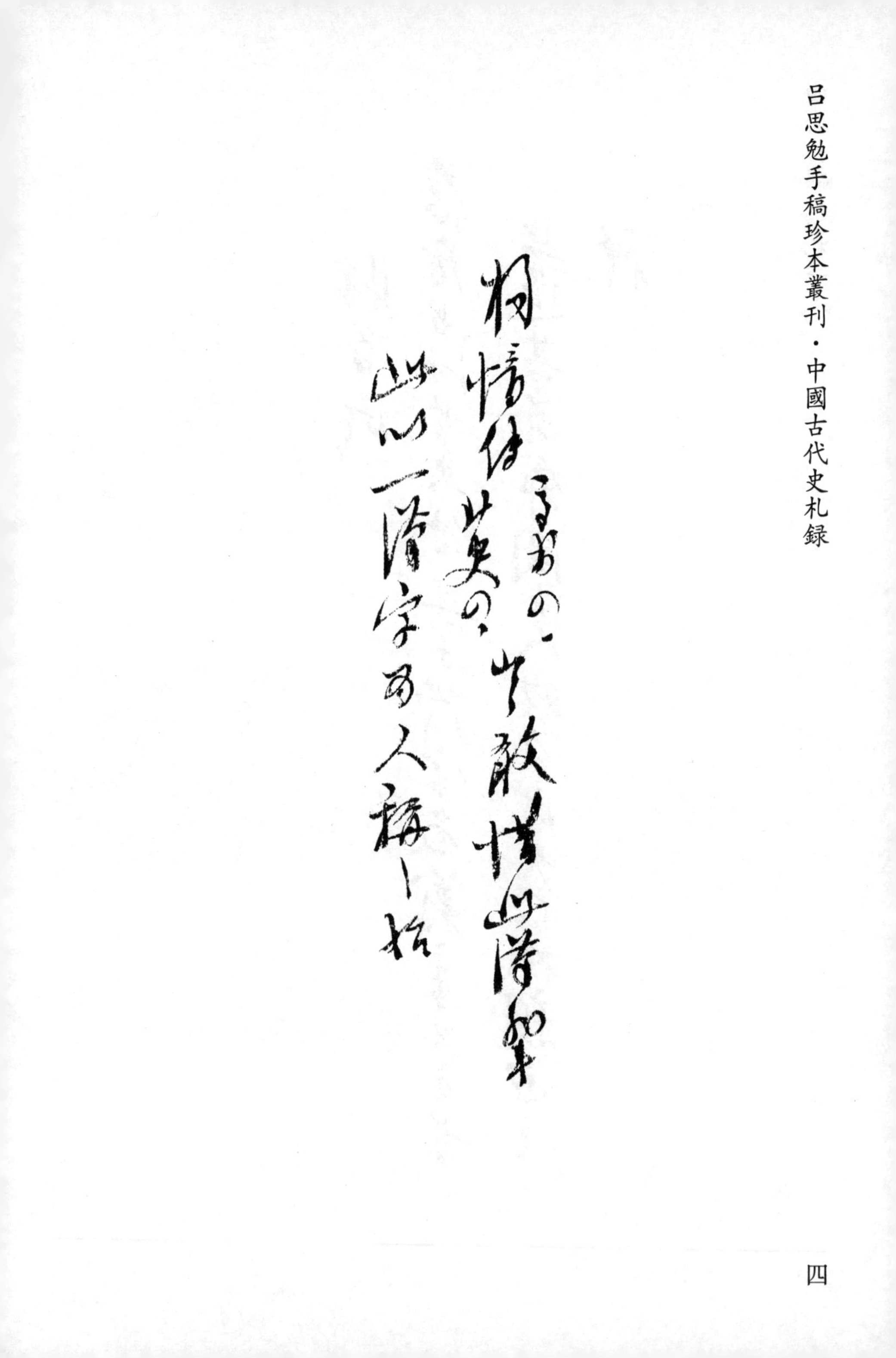

相情依子書の一
此史の、此敢惜以得知
此以一語字爲人稱一指

稱中國人為唐人

唐宋元時代中西通商史九十八頁

漢子之稱

又一〇三頁

傳二十年春齊人來徵會夏會于廩丘爲鄭故謀伐晉十五年晉伐鄭○廩力甚反爲于僞反下爲降同鄭人辭諸侯
秋師還終叔向言晉公室卑○吳公子慶忌驟諫吳子曰不改必亡弗聽吳子弗聽出居于艾艾吳邑豫章有艾縣○艾五蓋反
遂適楚聞越將伐吳冬請歸平越遂歸欲除不忠者以說于越吳人殺之言其不量力○說如字又音悅○十
一月越圍吳趙孟降於喪食趙孟襄子無恤時有父簡子之喪楚隆曰三年之喪親暱之極也主又降之無乃
有故乎○楚隆襄子家臣暱女乙反趙孟曰黃池之役先主與吳王有質黃池在十三年先主簡子質盟信也○質如字曰好惡同之
今越圍吳嗣子不廢舊業而敵之嗣子襄子自謂欲敵越救吳非晉之所能及也吾是以爲降楚隆曰若
使吳王知之若何趙孟曰可乎隆曰請嘗之嘗試也乃往先造于越軍曰吳犯間上國多矣聞
君親討焉諸夏之人莫不欣喜唯恐君志之不從請入視之許之告于吳王曰寡君之老
無恤使陪臣隆敢展謝其不共展陳也○造之到反間間廁之間夏戶雅反共音恭黃池之役君之先臣志父得承齊盟曰
好惡同之今君在難無恤不敢憚勞非晉國之所能及也使陪臣敢展布之王拜稽首曰
寡人不佞不能事越以爲大夫憂拜命之辱與之一簞珠簞小笥○難乃旦反簞音丹笥終嗣反疏注簞小笥○正義曰鄭玄曲禮
注云簞笥盛飯食者圓曰簞方曰笥宣二年趙盾見餓人爲之簞食注云簞笥也不言小此言小笥者以盛珠之器不宜與盛飯器同故云小耳使問趙孟問遺也○遺唯季反曰句踐將生憂

哀二十

民族

外族多自稱其族爲人夏字或亦此意

林惠祥中國民族史の九及

支那二字乃秦國之意

中國民族上毋負也

札記

光武母　見後漢樊宏傳　光武

見後漢書一樊宏陰識傳一劉般[illegible]孝康紀

（後書蜀周日南傳

一杜林右守孤一後漢郭隗

佛陀名號考　中半の年々多く覺えし（六一）以下

海外諸國傳　海南学予費十歲九（信）十餘万石藏七十の百

八十万兄喜安傳（六五）以下

東西鄉文馬畫傳（六二以上）

童西人馬國樓傳（六四以上）

宋鳥黒諸漢家宗學附隆諸家糧稱富者諸家之百

之因書蔡勤傳（六八以上）

（同前上）明鄭傳（六九以上）

赤山

烏桓　鄧禹子訓傳（四六上）

烏桓高將無家可鮮卑無家何敵　鮮卑天性父兄暴殺無所留田

又應奉子劭傳（七八上）

漢安二年烏桓降廿七千餘落見南匈奴傳（陳外）

烏桓以致見耿秉傳（卅九上）鮮卑婚姻以髡頭之事

傳（卅五上）

蘭池城烏桓圍耿曄處見續地志雲中郡注（卅三上）

長水校尉見胡將司馬之事　烏桓見烏桓傳万古志（四七上）

北海南接甚郡附侯景傳（卷十三 四上）

北史南蠻（列傳 一〇六上）

日南安禪祖（梁書 四三上）

光和東隸附復交附錫存傳 一〇上

寶成（梁劉喜傳 一四〇下上）

[illegible]

令稽嘗比白首不入市井（梁書 劉孝綽傳 一五〇下上）

高句驪王貢建武八紀(一下卅)詣樂浪內屬建武廿三紀(一下八上)

和帝元興元年寇郡縣(紀四卅上)安帝永初三年獻(紀五卅上)

與濊貊寇玄菟(安帝元初五紀五卅一)建光元與馬韓濊貊圍玄菟

(五八上)降(五下)

貊人詣樂浪內附建武廿五紀(一下九上)

與穢貊寇(安帝元初五)(紀五四上)建光元(全九下)延光元攻寇玄菟(全八上)

順帝陽嘉元置玄菟屯(紀六上)桓帝延熹四獻(紀七六上)

元嘉元寇玄菟(紀七八上)靈帝熹平三年貢獻(八四下)

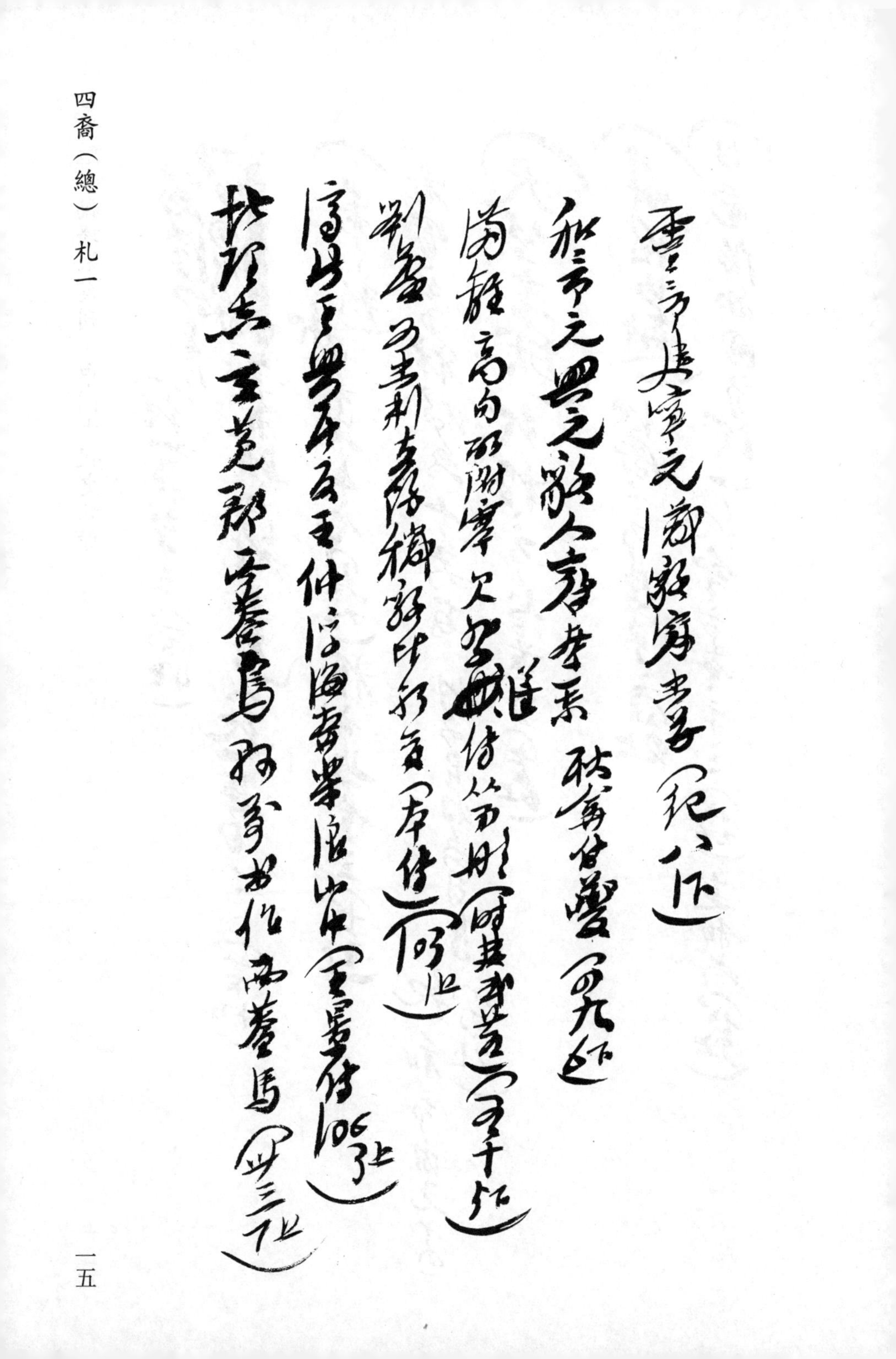

重三[illegible]之[illegible]（卷八下）

殊方之[illegible]（卷九下）

周旋高句[illegible]

[illegible]

[illegible]

[illegible]

海濱野人（紀一 唐太宗十三）（一下4上）

日南徼外[redacted]事雖日見」（紀一 唐太宗十二）（一下4下）

（日南蠻夷）紀順帝陽嘉元（四六下）桓帝延熹三（四七下）

初置象林將兵長史 以象林將兵長史（四〇上）紀和帝永元十四

（天竺來獻）紀桓帝延熹二（四七上）

（撣國出獻）紀靈帝建寧二（四九上）

（日南徼外國重獻）紀靈帝熹平二（五〇下）光和六（五一上）

（金蒲交阯島夷字）紀聞二十五和文（乃）（八十下）の（八十下）

刑降番徼貢 李難（後漢劉隆傳 五二下）

南土歌

馬援以銅等為表誌（國志本傳 五の六下） 交阯刺史桑濟（後漢……

傳（六二下） 交阯大守法據……（後漢……傳 七十上） 法律……

因交阯……（後漢……傳）（七三上） ……

廣（吳志薛綜傳 九一上）（吳志諸……文字母（國志本傳 九の上） 金蒲大千……

植……士燮……初平中避亂交阯（後漢書……傳 七十下）

王蕃……交阯（……傳 七四上） ……

匈奴西域皆謂漢人爲秦人

漢

觀堂集林卷十八 十二頁 劉平國治□谷

關頌

待年同人以奉人
聞材素作傳　寄紀獻于譚
一承周捷鄭
湖語豈鶴壽屬相共財物歸女孫且紀錢之

單于以胡中語傳寫為辭　田延年傳　公壯

西車鄯善往域集卷九十六（下四下）

十七西車傳缺（一下上）

卅一鄯善書記卷十四遣子為質鄯知王還之（一下下）　焉耆

和帝永元之十二世寫其史記而附（四下上）

樓蘭畫八十秦域（七下下）

七明恭史身寶　董真往佳（四下下）

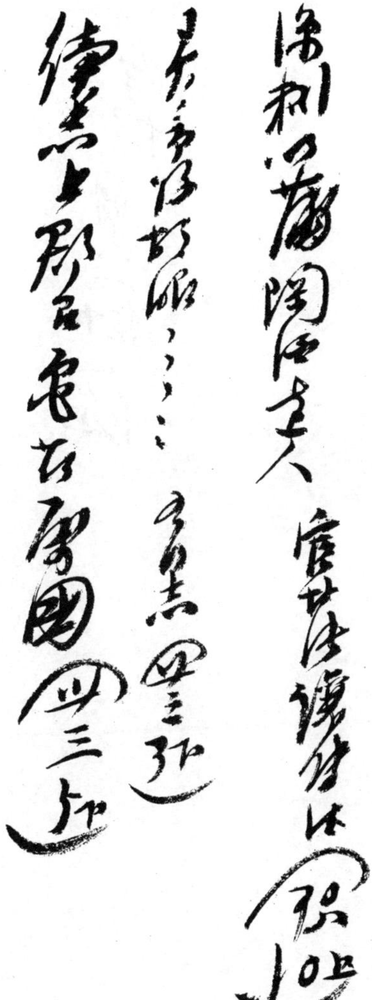

秦胡圖墨一 以下六證

俟去函都護下辭呈
裁亭世伯壽亭弟壽亭
孔將軍後為孔藏兄陳明言東為合文
即頌嘉祉（十六批）
楊戲為庲降都督仍領建寧太守 此書西康
陳壽筆見蜀志戲傳（至五批）
建安二十四年後權改令賊見三國蜀志賈操傳（十五批）
安寧少年即權上牒青衣白韶改閩那二年致紀積

待考資料此事

歷史的人種表

一　黄種

甲

中國

日本

朝鮮
暹羅
其他亞細亞東部
乙
蒙古
韃靼
鮮卑
其他亞細亞北部中部
丙
土耳其

匈加利

其它在歐洲之匈加黃種人

二 白種

甲

哈密忒人種・埃及人 里比亞人 哥士人（居阿剌伯及埃及之南）

乙

沁密忒人種・亞西里亞人 巴比倫人 腓尼西亞人

希伯來人（猶太及以色列） 亞剌伯人

丙

阿利安人種・亞細亞之部 (一)印度人 (二)伊蘭人（米底亞人）

波斯・歐羅巴之部 （二）希臘人 羅馬人（法伊西葡人）（三）峨特式人（蓋盧人 白里敦人 蘇格蘭人 愛爾蘭人） （三）條頓人（那瑞丁 德荷英） （四）斯拉夫人（俄羅斯人 波蘭人 波希米亞人（多居奧大利） 塞爾維亞人 其他）

條頓民族之位置沿革表

三世紀	四世紀	五世紀	六世紀後
	本世紀中葉西高特族始見于多惱河下流其末葉	西高特建設王國東高特族轉入意大利建國焉	本世紀末葉為東羅馬帝國所戚其占支派占有北

福特

族　東高特族　日耳曼之
自多惱河　地
下流入布
加里亞
居來因河　本世紀中　本世紀末　建設查里
之下流　葉入于加　葉大敗羅　曼大帝國
利亞建設　馬軍使法　成今日歐
多數之小　蘭西地（指今）　州羣雄樹
王國　竟內不留　立之勢
福倫
喀族　羅馬隻騎

夏勝高特
阿里曼諸族

自埃士河越埃爾比河宅居于今荷斯頓及丁林諸地

撒遜

本世紀中葉撒遜人分兩派一越海与盎格魯人征服英國之大部別成

六世紀來屢与福倫喀人族爭鬥至九世紀福倫喀王族建立國撒遜人亦

族、

盎格魯撒 全占有北
遜人種民 日耳曼之
族一蹂躪 全部十一
大陸諸邦 世紀盎格
魯撒遜人
全征服英
國

居多惱麻 本世紀末
因雨河間 為福倫喀
阿里 即日耳曼 族所阻遏

旻族　中部也執　　其進路

力頗強盛

挫羅馬軍

中國境内古外族遺文

中國考古小史 33頁

東方十四號 七十頁

7

「金人謂鴨淥水為混同江」

錯非也

唐之獠

紀 太宗貞觀六靜州山獠反 七東西洞獠（舊作東西玉洞反獠見七年） 十二巫州獠（舊作巫州獠） 鈞

明山獠 明州山獠（交州刺史破之） 壁州山獠 [redacted] 十四羅竇二州獠

茂卭雅三州獠

高宗永徽元琰州獠 乾封二嶺南洞獠（陷瓊州） 儀鳳元納州

獠

則天延載元嶺南獠

玄宗開元十四年邕州獠　楊思勗討　十六年春瀧等州獠首領瀧州
陳行範廣州首領馮仁智何遊魯叛（の）……楊思勗討之
肅宗至德西源獠梁崇牽陷容州
代宗大曆二桂州山獠陷州城
穆宗長慶二陸州獠
文宗開成二綿州獠　太和七年西南奏歸寇當金龍州蕭
蒼獠國赤　亘韓蒙國同出其種寶攻之
地理志涪〻州〻所獠所
（舊志云開生獠置）
思州思邛　費州城樂　嘉州羅目　真州雞川昭德
瀘州　藺州　古州　牢州　扶福州　皆開　招致一平
生獠　置

眉州洪雅縣人七年以撫戶置西安軍御六縣　瀘州江
安縣熙寧九年以弟撫戶置思黑隸施〔思〕遂施陽
竇州以撫牧僑治瀧州
巒州中蕃所屬所皆招生撫置
舊為涪川灣撐收郡之地及其餘附閩宣政元年信州
御管龍門之初招隨生撫王元孫多寶等相關乃置
費州以那及右戎縣四年置貝務什縣熙四年置費州治
於此　減罷……於鎮寧撫

普州安岳漢犍爲巴郡地資中牛鞞墊江三縣地李雄
之亂此爲獠所據
嘉州綏山通招收生獠之置　羅目麟德二年開生獠
置沐川及羅目縣
雅州嚴道漢縣屬蜀郡晉末爲夷獠所據之後魏
開生獠招攜置蒙山郡之　盧山……盧山在郡
西北十五里盧山下有山破口闊三丈長二百步俗呼爲盧
關之獠即生獠也

雅州都督一十九州並生獠羈縻州無州縣

黎州統制五十四州皆徼外生獠無州羈縻也

瀘州[redacted]安江溱陽縣地有生獠改郡破之又置溱

安郡隋改為江安郡

瀘州都督十州皆招撫夷獠置無戶口道里羈縻

州

巂州雜州昭德二縣開生獠新置

戎州 歸順聖曆二年分郁鄢縣置以處生獠也

竇州……武德四年置南扶州及五年以獠反寄瀧

州貞觀元年廢……二年獠平復置瀧州……

嚴州本桂林郡地以為獠所據乾封元年招致生獠

置嚴州及三縣

瀼州貞觀十二年清平公李弘節遣欽州首領寧師

京尋劉方故道行達交趾開拓東獠置瀼州

湯祿州……以為生獠所據龍朔三年智州刺史謝法成招慰

生獠昆明北樓及生獠等七千餘落總章二年置湯祿州以

屬〻

廣州合浦〻〻宋分置臨鄣郡及越州領郡二治於

嶺西江都護陳伯紹為刺史始立為鎮鑿山為城以

威俚獠

舊書懿宗紀咸通四年下初六年中未書安南都護事跡

會昌條劉稹民屏擇引林邑驩陵安南府

八八

樊興傳 貞觀六年陵州獠反命討之

升 馮盎傳 隋仁壽初為宋康令 潮成等五州獠叛

盎馳至京師請討之……即詔發江嶺兵擊賊平之……

……貞觀……五年盎來朝 羅竇諸洞獠叛 詔盎〔令〕

率衆〔部落〕二萬為諸軍先鋒……

獠 李嶠傳 高宗時〔時嶺南〕邕巖二州叛獠〔首領反……發兵討擊之……高宗令嶠往〕詔嶠監其軍 嶠入洞喻〔監軍事……親獠〕

降之〔按舊書降因〕由是罷兵〔而還〕

獠 高適傳 出為蜀彭二州刺史……上疏曰……嘉陵比因夷

獠貝錄小定之而瘡痍未平

猝二 [redacted] 馬總傳元和中以虔州刺史遷安南都護廉清不擾用儒術教其俗政事嘉美獠夷安之建二銅柱於漢故處劖著唐德以明伏波之裔

167王播傳附弟子式徙安南都護、、蠻兵入林錦田步、式使譯以閩諭、一蠻去謝曰我自縛叛獠來為寇也

190劉漢宏傳（中和三）年乞萬嶺蒂洞獠同攻昌（董昌時為義勝軍）

布尾

按忠義傳麗保之弟祖玉出為梁山總管巴山獠反玉集其首
領黨以為界約獠與反比州里祝國為賊所殺言不
可窮躡玉不聽
按循吏韋仁壽 詔檢校南寧州都督寄治越巂……
使者將兵五百人循西洱河開地數千里稱詔置七州十
五縣……請徙治南寧州假兵以鎮撫之詔可敕益州給
兵護送刺史竇軌疾其功詭言山獠方叛未可以遠略
不時遣歲餘卒

補文藝手部從已引……部撣亮落國下部屬去雅戡　今見字當作

且遣使豫隴撣於降部儒服者國見賓禮即引去

補列女符鳳妻某氏鳳以罪徙儋州至南海爲撣賊

所殺

補宦者楊里扁邑引李陵撩梁大海及後吏横等

引……平……

撰西域……摩揭陀（玄奘）の經路去得亦加迦、摩揭陀波咄陀

陰地接西南東女人（判蠻撩川肯叩蜀南邊）

舊書裴寂傳……流静州俄遇山羌爲亂或言反獠劫
寂爲主

樊興傳貞觀六年陵州獠反興率兵討之

韋雲起傳……代趙郡王孝恭爲夔州刺史時遂州都督
懷柔東獠咸得衆心遷益州行臺民部尚書尋轉行臺
兵部尚書行臺僕射竇軌多行殺戮又妄奏獠反冀
得集兵因此作威肆其暴虐雲起多執不從雲起又嘗
私產勸道生殺以規其利取之爲衆言之由是構隙

太宗諸子傳吳王恪子琨聖曆中嶺南獠反勅琨爲招慰使
而集首領授其官
曹王明丨傑丨胤 胤叔文倚爲尉忠州叛獠没於賊
裴耀卿傳子佶 黔中觀察使韋士文慘酷敗下乃東獠
所逐俾佶代之
李鄘傳子復遷廣州刺史兼御史大夫嶺南節度觀
察使、、、瓊州久陷於蠻獠中復累遣使諭之因奏
置瓊州都督府以綏撫之

羅賓同樣及（敘理阯）

龍紀分石樣（文阿址）

嘉府陵分標（文址）

載劍南詩稿云徐貞觀間對定累朝御什不一

巴州山獠　餘慶符陽白石二縣獠

眉州獠　洪雅二州獠

益州獠

貞觀七年東西玉洞獠

十二年巫州獠

鈞州獠

明州山獠

星歲已洋集碑罕有山標
十四年羅寶謝標
大宗再代高祖西彰劍南謝標皆手校雅印
屆之湖揚不接其攘相棄殺語尝瀧古峽去
二前以荐分劫措計士貴為雅驕並近有以筆總
以及吉府衡將軍果連方平之

高宗初諱可雅

上元書何可據今從下止

方夷。通鑑宋文帝元嘉二十八年注：自晉氏失馭，劉石以來，始有六夷之名。止 又晉愍帝建興二年注：六夷蓋胡、羯、鮮卑、氐、羌、巴蠻或曰烏丸，非巴蠻也。止 八九 又穆帝永和六年注：六夷胡羯氐羌段氏及巴蠻也。止 外九八

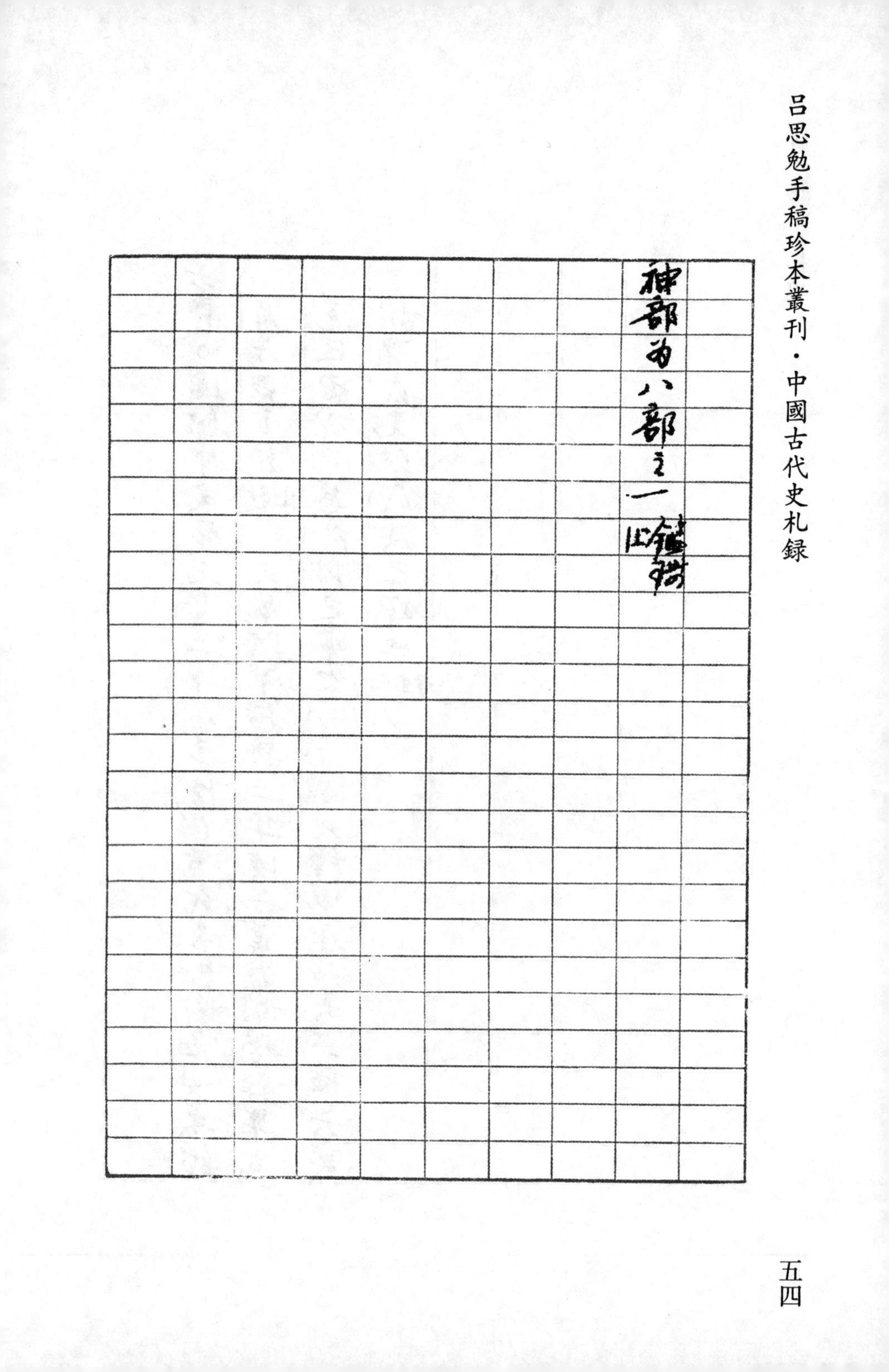

神部為八部之一

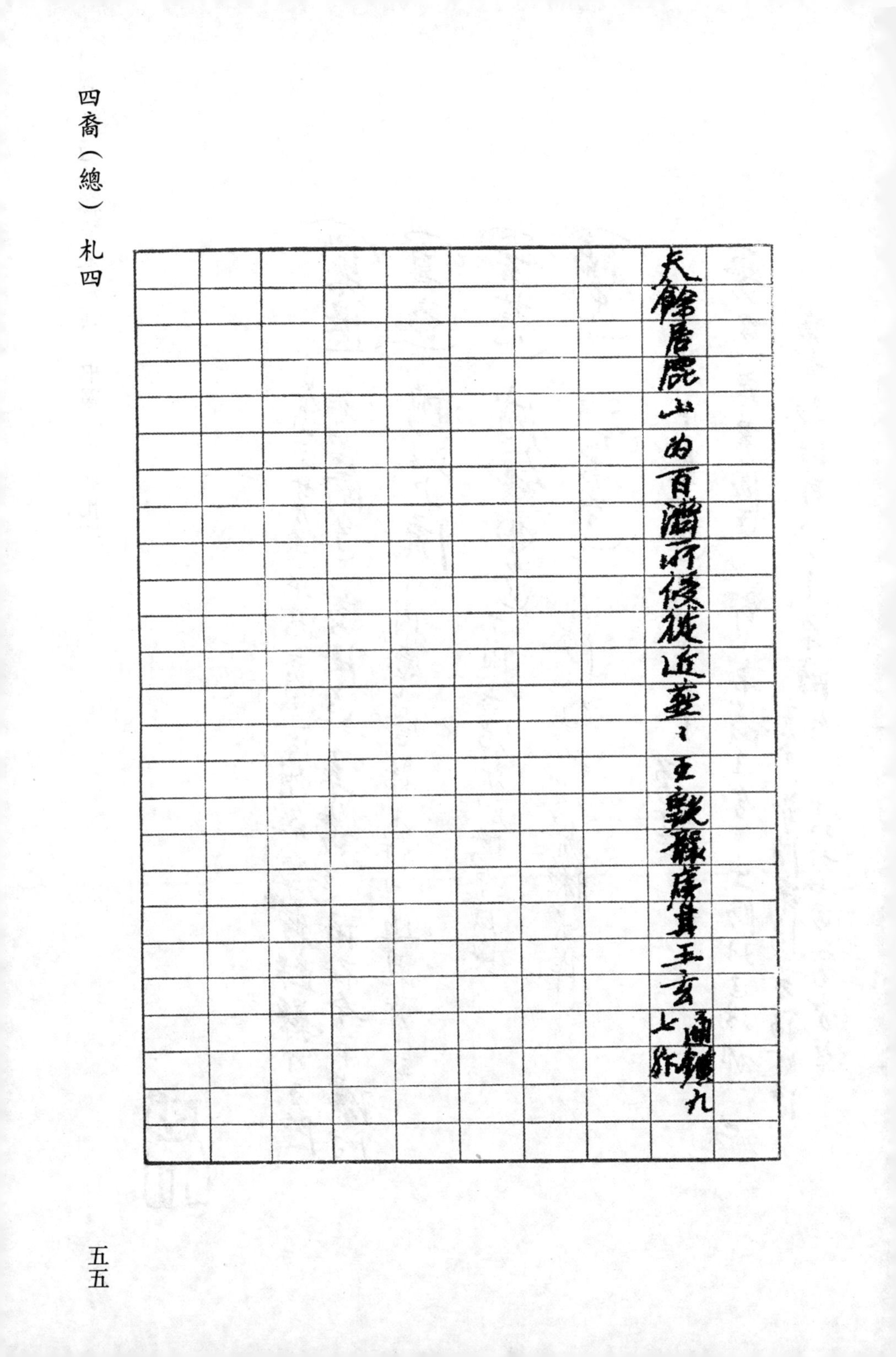

夫餘居鹿山為百濟所侵徙近燕〻王皝襲虜其王玄 通鑑九七[illegible]

（樂浪）丁茶山云黃海平安二道 治朝鮮今平壤 朝鮮縣即王險

平安南道 黃海道 京畿道 城在今平壤附

（真番）鴨江上流 丁同云治霅縣未詳 近見頁十五

（玄菟）咸鏡南道 丁同云治沃沮城今咸興

（臨屯）江原道 丁云[illegible]治東暆未詳

見中日交通史第二章 頁十三

（帶方）為黃海道西部 京畿道全 忠清北道北部 治

帶方縣[illegible]即今之[illegible]城[illegible] 頁十 [illegible]十八其七為帶方也

〔滄海郡〕。賈耽古今郡國志云新羅之北界溟州蓋濊之古國其地乃今江原道之江陵府也　魏志云夫餘故城本濊貊之地則今長春附近矣　鄭氏未識而於置郡於今江原道　興安誤據貨殖傳北鄰烏丸夫餘東綰濊貊朝鮮真番之利以為滄濊穢之言　穢多也　隋直以濊為民　而劃著以言耳

〔真番郡〕。真番跨鴨綠江上流　臨屯今江原道　樂浪平安南黃海京畿道　玄菟咸鏡南道　昭帝始元五年罷臨屯真番以并樂浪玄菟〻〻復徙治句驪蓋以真番并樂浪臨屯并玄菟〻〻治沃沮縣此時仍治沃沮以帝元鳳六年正月募郡國

後築遼東玄菟城時乃徙治高句驪也　高句驪者在興京

附

玄菟本真番國歟。史記朝鮮傳注玄菟本真番國，然僅應劭

云玄菟故真番朝鮮胡國

真番必更在遼。今朝鮮平安道大同江域，京畿道漢江域，衛

氏朝鮮也。全羅道洛東江域，三韓也。忠清道錦江域，殆真番矣

馬韓蓋有真番故地

唐滅百濟置熊津在錦江域　儀鳳初棄熊津而安東亦旋撤

出於平壤矣

合浦。今慶尚南道馬山浦

王險。據地志，高句麗平壤城，本漢樂浪郡王險城，又古云朝鮮。
地也。徐廣曰昌黎有險瀆縣，史記曰王險，衛滿都。地理志險瀆縣，朝鮮王滿都，臣瓚曰王險城在樂浪郡浿水之東。
浿水。地理志，至樂浪郡入海。
好大王碑。在輯安縣洞溝。
小水貊。續郡國志遼東郡西安平，魏氏春秋曰縣北有小水，
南流入海，句麗別種因名之小水貊。
帶方。本漢縣，在錦江流域。韓國小史公州府分屬有鹽少海，為帶方地，有籍臨屯，有鹽，今延安。
馬韓、辰韓、弁韓。馬韓，今全羅道；辰韓，慶尚道；弁韓亦今慶尚道。
在辰韓西。箕氏破馬韓，都金馬郡，今益山郡。準哀王　哀王子
據魏略，故國以為出馬韓，以又為安國。全州 國小史 金羅

金于霖韓國小史。所據廿　東事古記新羅僧無亟　先秉遺事記　鮮于氏家譜　三國遺事高句僧一然或曰崔致遠　高麗史朝鮮鄭麟趾　東國通鑑朝鮮徐居正　麗史提綱朝鮮俞棨　東史綱目朝鮮安鼎福　疆域考朝鮮丁若鏞　東史世家朝鮮洪[illegible]　四郡志朝鮮柳得恭　渤海考同上　文獻備考朝鮮英祖時官修　燕岩集朝鮮朴趾源　中京志朝鮮金堉始　國史眼日本近藤瓶城　檀君事出東事古記不足信也

朝鮮平壤舊名。茶山丁氏若鏞疆域考曰漢書地理志屬縣二十五首縣為朝鮮則朝鮮以平壤舊名也

濊滿韓。丁氏曰遼東番汗縣柳氏曰說文樂浪潘國

辰韓。韓國小史云辰韓有二種一曰辰韓本種一曰秦韓本秦

人避役來馬韓〻〻割東界與之是為楊山高墟大樹珍支加利明活六部今慶州　赫居世蒙胞衣而出狀如瓠方言呼瓠為朴故以朴為姓東事古記赫居世先蒙脫解首露の君皆卵生年十三高墟部長蘇伐公與諸部推為之赫居世乃即王位建國號曰徐那伐於是辰韓本種日衰　新羅在辰韓東南辰韓本種在弁韓西北與樂浪接

北沃沮○今咸北六鎮地[redacted]韓國小史

東沃沮亦曰南沃沮○丁氏曰今咸鏡南道漢武時為玄菟郡昭帝時為樂浪東部以其在樂浪東故曰東沃沮韓國小史

忽本○三國志以作卒本丁云今興京界內韓國小史

出兵僅三十人。○韓國小史，蜀漢建興九年，新羅滅甘文國。之至小林也，費于隣國戰，出兵僅三十人，時人為之謠云：大出兵，出兵僅三十八。

鮮于氏、奇氏、韓氏。○奇氏譜：馬韓之末三子，曰友平，國亡，居高句麗，為此為鮮于氏；曰友平後百餘年，為奇氏，曰友諒，居新羅，為上黨韓氏。鮮于氏、奇氏譜，載箕子以下五十東華，鮮于氏有先亞遺事記。

駕洛。○韓國小史：或曰加羅，今金海等地。始祖金首露，其先有少昊金天氏裔八人，自中國莒縣來居辰韓之西，人稱其地曰八莒（今星州）（出金海金氏譜）。八人之後有分居弁韓者，生男二人，曰愼家朱

日曰懦宗青裔時弁韓有九干各統其衆分居山野立首露爲
君首露乃建國號駕洛弁韓遂爲駕洛所有（梁中大通四）卒降新羅
五加耶○韓國小史又曰懦宗朱日亦別開國曰大加耶今高靈
曰任那是爲伊珍阿豉王（出崔致遠釋利貞傳）
首露餘五爲五加耶○東事古記曰駕洛之始有男子六人皆英偉長
大衆推其長爲主是爲首露餘五人分爲五加耶曰大加耶曰
小加耶一曰古自今固城曰阿羅加耶一曰阿尸良今咸安曰
古寧加耶今咸寧曰碧珍加耶今星州　韓國小史當漢炎之一
十年日本定大加耶七國置州府駐兵
内爲三京○韓國小史曰或曰漢城平壤國内爲三京

三國種族○金滄江云：忠清全羅古馬韓地，居西南，而新羅西北境在忠清至馬韓東境，今報恩等地。慶尚古辰韓弁韓地，居新羅。黄海平安京畿古樂浪臨屯地，居高句麗，而百濟西北境歸焉也。至樂浪南境，今新溪等。江原亦臨屯地，而兼濊貊。新羅東北境至濊貊。咸鏡古玄菟地，居高句。夫餘居高句。高句西北至遼東，東南至漕水，隸於竹嶺麻峴。新羅居間有昌寧、駒令、各羅、喻今西東地，或曰今黄澗也。此三國交於地者，而事無傳。休忍爲國也，東當時居楚，楚亡，今存秦，秦之後將族也。詳其於鮮卑、烏桓、句驪，百濟、新羅、休忍諸國，後休忍遂爲百濟所兼，而本史佚焉。

永樂大王碑。韓國小史：廣開土王第時稱永樂大王，其墓在今懷仁縣窟濟東山之上，東王墓有高句麗永樂大王碑，碑高二丈五寸，南北廣六尺，東西二尺九寸（中國工部營造尺），其文自東而南而西、而北，凡千七百九十九字，字大四寸，篆隸六七，楷二三。光緒七年，閩清人王彥莊得之，其友長白山人榮禧筱峰參研多年，釋為一本，自乃十數字外，無憾焉。

弁辰弁韓。通典弁辰，晉書二史作弁韓。

都目支。翰苑作月支，通考作自支。

以百家濟海，號百濟。見唐會要。

昭烈帝。魏書高麗傳：高句王釗烈帝時與慕容氏相攻，烈帝這

武帝之伯祖隨書以昭烈帝三字稱建為高句麗王名誤

晉平郡○百濟略有遼西晉平郡　宋書所治謂之晉平郡晉平

縣都城號居拔城之之之即晉平城　晉以盡得高麗故地棄

有遼西晉平二郡自置百濟郡　馬貴與謂晉平在唐柳城北

平之間則今錦州寧遠廣寧之地　北史謂居拔城即固麻城

新羅王原名與太宗同○唐會要名崇基則與玄宗同　先天為

玄宗初即位改元之號云先天[illegible]口州天改亦誤

高麗王氏疆域○高麗國經高麗既并新羅東北稍廣其西北與

契丹接昔以大遼為界後為所侵逼退保鴨淥以為險　奉使

行程錄自咸州九十里至同州遼咸州今咸平府同州今為同

山縣皆在今開原鐵嶺之間

背此門東望大山，金人云此新羅山，山内深邃無路可行，深處與高麗接界。山下所行路可三十里，自同州百七十里至黃龍府。考門通考謂新羅西北界出高麗百濟之間者，蓋即指此。唐龍朔元年以新羅國為雞林州都督府，或謂此即吉林，勉強。此時新羅即并高麗南境以東，未必能至此。遼志謂渤海王大仁秀南定新羅，置郡邑，或因來新羅拓境東廣，其後地為高麗王氏所有，故元史謂鴨淥江東千餘里非平壤之舊，殆兼以上之說須考。

喙平。畢書新羅其邑在内曰啄平，唐書通考俱作喙平，通典注呼識反，則畢書誤。

新羅洪城。七重城朝鮮慶州北，南臨發盧河　九州志新　尚州遼金有朝鮮而有遼志云

陣叢平　唐州遼屬顯州去璧亞閭不遠　全州遼金有朝鮮亦有蓋志屬　不知在　北京路未必其地　唐五

代會要大平寰宇記作金州　漢州以漢沿名　滇州本滇地　貫首城　長州

熊州者以熊岳為名唐儀鳳初徙熊津都督府　武州　朔州　熊州於建安城與山相近在益州西六十里

鳳窟城　西南

契丹國志誤以高麗為新羅。契丹國志云新羅殺誦立詢契丹

討之十年乃歸矣　聖宗因其新羅遣使紀年而地理志有醫

宋代新羅遼之証

北宋時高麗通中國之路　唐宋貿易港研究125

耽牟羅。見北史　即唐書龍朔初入朝之儋羅　韓國小史作
耽羅
新羅。韓國小史[redacted]（漢武）帝[redacted]（元豐）二年新羅始定國號取新者德業
網羅四方之義　前此曰斯羅新盧
白江。見唐書韓國小史云今白馬江
泗沘。韓國小史云今扶餘郡古同の年百濟遷都於此國號南
扶餘福信道琛等圍唐劉仁願亦於此
任存城。韓國小史云今大興
真峴城。劉仁軌克真峴城通新羅運糧之路韓國小史云今慎
参

隋與高句麗

隋初陸知命請說高句麗降服 隋書六六上

漢王征高句麗 見張奫傳 六四上

煬帝征高句麗 見于仲文 六〇・四上 段文振 又六下 宇文述

六一・五上 史祥 六三・二上 楊義臣 又五下 衛玄 又六下 來護兒

六四・四上 北史稍詳(七六) 周羅睺 六五・一下 李景 慕容三藏 北史作武列 薛

世雄 又六上 王仁恭 又六下 吐萬緒 又七下 諸傳

高句麗世系圖

(一)東明聖王朱蒙 漢宣帝神爵四年

(二)琉璃明王類利 漢成帝鴻嘉三年

(三)大武神王無恤 王莽天鳳五年

(五)慕本王解憂 漢光武建武二十年

閔

(四)閔中王解邑 漢光武建武二十年

再思

(六)太祖王宮 漢建武二十九年

(七)次大王遂成 漢順帝永建元年

(八)新大王伯固 漢桓帝延熹八年

(九)故國川王男武 漢靈帝光和二年

(十)山上王延優 漢獻帝建安元年

(十一)東川王優位居 漢後主建興五年

(十二)中川王然弗 漢後主延熙十一年

(十三)西川王藥盧 晉武帝泰始六年

（十四）烽上王相夫 晉惠帝元康元年

咄固

（十五）美川王乙弗 晉惠帝永康元年

（十六）故國原王釗 晉成帝咸和七年

（十七）小獸林王丘夫 晉簡文帝咸安二年

（十八）故國壤王伊連 晉孝武帝太元九年

（十九）廣開土王談德 太元十七年

（二十）長壽王巨璉 晉安帝義熙八年

（廿一）文咨明王羅雲 齊武帝永明九年

（廿二）安藏王興安 梁武帝天監十八年

（廿三）安原王寶延 梁武帝中大通三年

（廿四）陽原王平成 梁武帝大同十一年

（廿五）平原王陽成 陳高祖永定三年

（廿六）嬰陽王元 隋高祖開皇十年

（廿七）榮留王建武 唐高祖武德元年

大陽

（廿八）寶藏王臧 唐太宗貞觀十七

百濟世系圖

(一)温祚王 漢成帝鴻嘉三年

(二)多婁王 漢光武帝建武四年

(三)己婁王 漢明帝永平十年

(四)蓋婁王 漢順帝永建二年

(五)肖古王 漢桓帝延熹八年

(六)仇首王 漢獻帝建安十九年

(七)古尔王 漢後主建興十二年

(八)責稽王 晉武帝太康七年

(九)汾西王 晉惠帝元康八年

(十)比流王 晉惠帝永興元年

(十一)契王 晉康帝建元二年

(十二)近肖古王 晉穆帝永和二年

(十三)近仇首王 晉孝武帝寧康三年

(十四)枕流王 晉孝武帝太元九年

(十五)辰斯王 太元十年

(十六)阿莘王 太元十七年

(十七)腆支王 晉安帝義熙元年

(十八)久尔辛王 宋武帝永初元年

(二〇)毗有王 宋文帝之元嘉四年

(二一)蓋鹵王餘慶 宋孝武帝孝建二年

(二二)文周王 宋順帝元徽三年

昆支

(二三)三斤王 宋順帝昇明元年

(二四)東城王牟大 齊高帝建元元年

(二五)武寧王斯摩 齊和帝中興元年

(二〇)武寧王斯摩之 中興

(二六)聖王明穠 梁武帝普通四年

(二七)威德王昌 陳高祖 承聖三年

(二八)惠王季明 隋文帝開皇十八年

(二九)法王宣 開皇十九年

(三〇)武王璋 開皇二十年

(三一)義慈王 唐太宗貞觀十五年

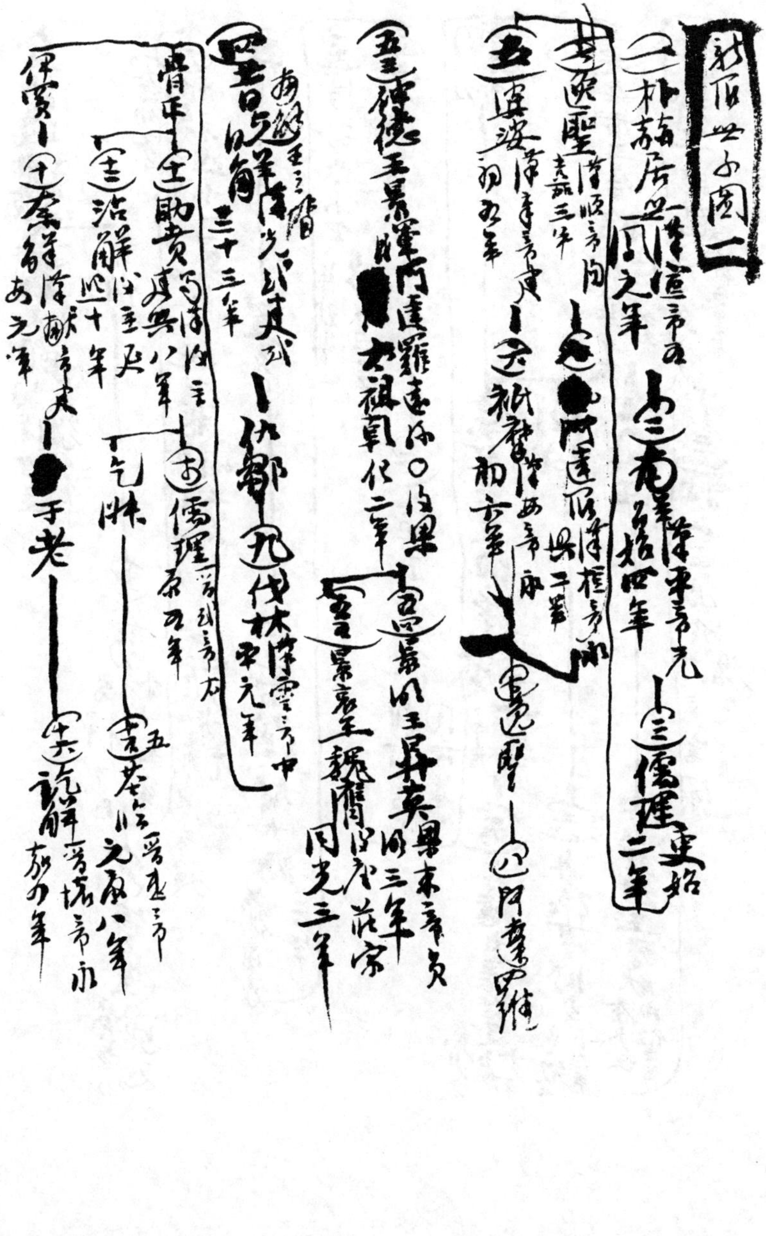
新羅世系圖一

金仇道 助賁王婿

（十三）味鄒 以主 魏景元三年

末仇 —（十七）奈勿 晉穆帝永和十二年

（十八）實聖 晉安帝元興元年

奈勿子（十九）訥祇 晉安帝義熙十三年

（二十）慈悲 宋孝武帝大明二年

（二十一）炤知 齊高帝建元元年

某 — 習寶 —（二十二）智證王智大路 永元二年

（二十三）法興王原宗 梁武帝天監十三年

立宗 —（二十四）真興王多麥宗 梁武帝大同六年

銅輪 —（二十六）真平王伯淨 陳宣帝太建十一年

（二十七）善德女王德曼 唐太宗貞觀六年

（二十五）真智王金輪 陳宣帝太建八年

文興王 —（二十九）武烈王春秋 唐高宗永徽五年

國飯 —（二十八）真德女王勝曼 貞觀二十一年

（三十）文武王法敏 唐高宗龍朔元年

（三十一）神文王政明 唐高宗開耀元年

（三十二）孝昭王 理洪 周如意元年

（三十三）聖德王 興光 周長安二年

（三十四）孝成王 承慶 玄宗開元二十五年

（三十五）景德王 憲英 玄宗天寶元年

（三十六）惠恭王 乾運 唐代宗永泰元年

（三十七）[illegible]德王 良相 味鄒族人

駕洛世系圖

（一）金首露 漢光武建武十八年

（二）居登 漢獻帝建安四年

（三）麻品 高貴鄉公甘露四年

（四）居叱彌 晉惠帝元康元年

（五）伊尸品 晉穆帝永和二年

（六）坐知 晉安帝義熙三年

（七）吹希 宋武帝永初二年

（八）銍知 宋文帝元嘉二十八年

（九）鉗知 齊武帝永明十年

（十）仇衡 梁武帝普通二年

月氏種族

東亞文化黎明頁一〇五至完

外史

日本古史

最舊古事記成于睿宗景雲二 西元七一二 多撰

古傳說

次日本書記成于開元八 西元七二〇 全仿中國史

以籍為以後之本

晉書宣帝紀魏正始元年春正月東倭重譯納貢

武帝紀泰始二年十一月己卯倭人來獻方物

安帝紀義熙九年……倭國……獻方物

劉宋時倭國王[redacted]梁

南史永初二年二月倭國遣使朝貢 文帝元嘉七 十五 廿

倭國王遣使獻方物 孝武大明四 順帝昇明元

文帝元嘉七倭遣進貢

孝武大明六以其世子興爲安東將軍

順帝昇明二其王名國

梁武帝從天監元倭王武進號

日本元正天皇養老三年（開元七　西七一九）令全國民皆右衽

質

日本神佛合一説

創於奈良朝　遷都奈良爲第三代元明天皇時爲

睿宗景雲元年　時又營初落宮室

此修之道皆

來自三韓

室町幕府

室町足利氏第名在平安即西京所治邇江戶爲東京足

利亦源氏後足利爲領名苗字氏

四十二代天武天皇始納女藤原氏爲妃（鎌足的姪）　外權由外戚始此

良房爲太政大臣 本權 皇族 宣宗十二年（唐）清和天皇其外孫自

以皇舅攝政之藤

原氏皆攬大權天皇皆如（注）　西元888政事概關白大（僖宗文德元）

虛天皇擁無權多讓位

政大臣關白之稱始此

（注）延寧二度二条之非藤原氏出

幕府始1192源賴朝受征夷大將軍之職

中日關系

- 國家之道（漢至唐）
  - 日本臣服中國
  - 日則自居對等
- 社會之道
  - 隋之世相來往
  - 倭寇擾亂
  - 豐臣秀吉
  - 倭禍外皆平和

夷洲

隋書倭國傳煬帝遣文林郎裴清使於其國度百濟行至竹島南望躭（北史作耽）羅國經都斯麻國迥在大海中又東至一支國又至竹斯國又東至秦王國其人同於華夏以為夷洲疑不能明也又經十餘國達於海岸自竹斯國以東皆附庸於倭

契丹之讀如喫 [illegible]

黑車子達怛。文苑英華四六八李德裕賜回紇書有存問黑車子

子達怛

蒙兒乞取印韃靼

柂葛○遼史地理志灤州昭德軍德（承）鎮州保安軍嶺錢定理府境内（興京）
靖方故柂葛國地　金史地理志謂灤州本遼定理府西柂葛
故壤　考遼史灤州外別有定理府　遼之定理實渤海所建至
金已廢　金志稱灤州柂葛縣本遼舊興州常安縣　考遼志東
冀城北有柂葛縣范河二百七十里　則遼時已有柂葛稱
鹽路○明一統志洪武二十九年設左右千戶於鹽路城　明永樂八
年後設中千戶於鹽路城　其地在今鐵嶺南六十里　又有鎰
存鹽路亦作伊魯　當即遼金柂葛稱之遺　聞該處穴之穴
日葉噌

高車之東部西部北部15鑑禮

特勒或作勅勒72鑑稿

鐵勒部名。見松林史世多而可內讀可看塞外史地論文譯叢

葉94 26

突厥建牙之地即稱金牙山124鑑紀二

黑沙名城

黑山102鑑紀二

繫胡 通鑑註 壯91

步落稽、即稽胡 通鑑梁武帝中大通三年注

白、賊 白虜 76 鑑註

石樓部即吐京郡。通鑑孝武帝太元六年注「石樓部即吐京郡，吐京有石樓山，隋改吐京郡為石樓縣」（[illegible]）

白、鐵、白虜 鑑註 7下

白部 百部○ 白部 鮮卑劉琨集作百部 晉書載記皆作白部 鑑八七 9下 又 璞 32上

穢即位後用麻褌 鑑證 6上

索頭 鑑九五 10上

可汗 可汗 鑑註 7上

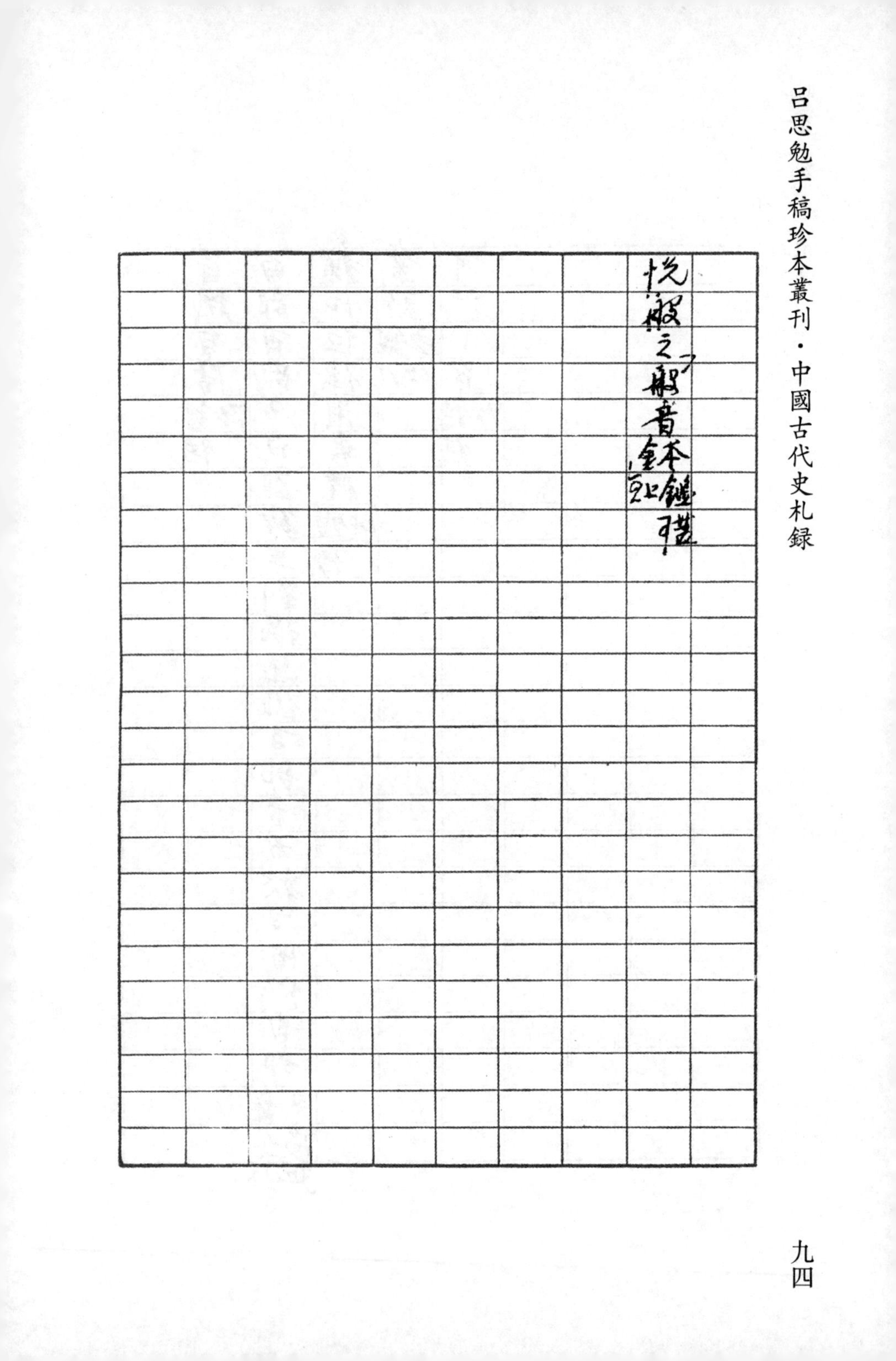

悦般之般音鉢[illegible]

粟特或作持所鎮理
焉耆作烏耆所鎮理
青海以北鎮理
柘州以北鎮理
恩嚶河以北鎮守
碎葉城以北鎮守
金蒲州鎮處月鎮守月以北部
牢山以下鎮北
弓月城以下鎮統

提颶 中國南洋交通史上45

循蘭河 中國南洋交通史上45

新頭河 中國南洋交通史上45

提羅盧和 中國南洋交通史上45

伽藍洲 中國南洋交通史上44

婆露 婆魯師 中國南洋交通史上44、50

哥谷羅 中國南洋交通史上44、

羅越 中國南洋交通史上44

陵山 中國南洋交通史上45、

郎迦戍 棱伽脩 狼牙須 狼牙脩 中國南洋交通史上36—40

耶婆提（葉調國）○或云爪哇或云蘇門荅剌 中國南洋交通史上29

末羅國 中國南洋交通史上45

拂利剌河 中國南洋交通史上45

縛達（白達、報達） 中國南洋交通史上45

葛蘭 中國南洋交通史上44

拔䫻 中國南洋交通史上44

渤崑山 中國南洋交通史上45

鉢露羅 中國南洋交通史上45

迦摩浪迦 ○應為白古 中國南洋交通史上47

摩訶瞻波 ○卽占城 中國南洋交通史上47

「閻摩那洲國」。疑是耶婆洲，殆指蘇門答剌　中國南洋交通史上47

西域記：「南海方國」　中國南洋交通史上46

「盆盆洲」「渤盆國」　中國南洋交通史上51、54、61

「耽摩立底」

「那伽鉢亶那」

「訶利雞羅」。以上三國在印度東岸　中國南洋交通史上60

「蔔家龍」。即闍婆　中國南洋交通史上67、72

「蒲甘」　中國南洋交通史上69

「胡茶辣」　中國南洋交通史上71

「瞿折羅」　中國南洋交通史上71

婆里洲 中國南洋交通史上51

天竺山 中國南洋交通史上64

隨島地 中國南洋交通史上67、76

加羅希 中國南洋交通史上69

麻嘉國 中國南洋交通史上71

層拔國 中國南洋交通史上71

琶離 中國南洋交通史上73

裸人國 ○在翠藍嶼中 中國南洋交通史上60

古羅 中國南洋交通史上64

棣羅矩吒 中國南洋交通史上76

大秦在南印。見中國南洋交通史上65—75

上下竺 中國南洋交通史上66

交洋。即交阯際 中國南洋交通史上66

曇陀[illegible]國 中國南洋交通史上74—75

[illegible] 中國南洋交通史上71

鄰毗羅國 中國南洋交通史上71

鄰斯囉。要耽末羅 中國南洋交通史上71

莫訶信洲摩訶新 中國南洋交通史上50

羯茶。在馬來半島西岸 中國南洋交通史上60

木蘭皮 中國南洋交通史上65—67

佛羅安 中國南洋交通史上65 69

甲子內 中國南洋交通史上66

十二子石 中國南洋交通史上66

加斯里 今[illegible]及中國南洋交通史上66

干不昔 干不齋 中國南洋交通史上82

文誕 中國南洋交通史上86

龍牙犀角 凌牙斯加 即狼牙修 中國南洋交通史上87

甘孛智 澉浦只 真臘自稱 中國南洋交通史上83

麻里嚕 蒲里嚕 中國南洋交通史上85

羅斛暹 中國南洋交通史上86

高郎步　高朗步　中國南洋交通史上88

天堂　天房　中國南洋交通史上88　即默伽

萬年港　明史文萊　中國南洋交通史上89

大佛山　中國南洋交通史上88

下里　中國南洋交通史上88

北溜　中國南洋交通史上88

急水灣　中國南洋交通史上87

單馬錫　新加坡古名　中國南洋交通史上87

東西竺　中國南洋交通史上87

班卒里　梵荅剌亦納　中國南洋交通史上88

須文答剌 中國南洋交通史上88

須文那 須門那 中國南洋交通史上88

烏爹 西域記烏茶 中國南洋交通史上89

甘埋里 中國南洋交通史上89

羅婆斯 今案舊峽 中國南洋交通史上89

古里地悶 吉里地悶之誤 中國南洋交通史上87

小唄喃 中國南洋交通史上88 即小阿喃之誤 柯蘭 今葛蘭 106

古里 古里佛 中國南洋交通史上89 [redacted]

榜葛剌 明加剌 中國南洋交通史上88

溜海 中國南洋交通史上91 107

阿樹把丹 中國西洋交通史上106

沙里灣泥 中國西洋交通史上106

鄭和下西洋。馮承鈞云伯希和據明實錄及封鄭双碑文攷重

看考訂中國西洋交通史第十章頁91—107

（干陀利）或在瓜哇見蘇門答臘古國考二三頁一二三頁　或云
即渤林邦在蘇門答臘東南海濱　渤林邦即巨港亦即舊港

（闍婆）瓜哇見蘇門答臘古國考一二三頁　蘇門答臘　交廣印
度兩道考九二頁一〇五頁一〇六頁

（盤盤）湄南江下流　馬來半島　見交廣印度兩道考73　北距
環王限少海ゝゝ乃暹羅灣

（扶南）柬埔寨　今柬埔寨與下南圻　交廣印度兩道考九〇頁

（諸薄）蘇門答臘古國考一二三頁

（毗騫）扶南考十二頁十八頁

（西卷）秦代初平南越考八九頁

（區粟）秦代初平南越考八九頁

（闍婆）婆達　宋书云元嘉十二卷九七作闍婆ゝ達南史七八作闍
闍婆達似即瓜哇　唐宋元時代中西通商史125

丹丹、單單、咀嘪、旦旦 在秦條利之間 廣印度兩道考97 中華民族拓殖南洋史9 在馬來半島 東廣印

中國南洋交通史引

軍突弄山、軍徒弄山（Pulo Condore） 在七洲洋中之國 南海西經之地亦曰

大崑崙山亦曰小崑崙山 據《南海外番夷錄》下卷，崑崙非黄河所繞

之崑崙也 七洲洋之南大小二山屹立澎湃，呼爲大崑崙、小崑

崙山 中國南洋交通史上87

僧祇奴。唐時之僧祇奴，蓋與崑崙奴同 又廣印度兩道考74—99 見僧耆女118

又見唐宋之時代中西通商史 明清間南海史地考證譯叢187

崑崙層期。見嶺外代答卷三 諸蕃志卷上 指非洲東岸黑人 廣

印度兩道考74

丹眉流。見宋史卷四八九 又即嶺外代答卷二 諸蕃志卷上 宋史別見同卷之

登流眉 文獻通考三三二 論曰州眉流 見廣印度兩道考75

地位湄南江下流西岸　中國南洋交通史69

狼牙脩　馬來半島東岸　見交廣印度兩道考73

三佛齊　即室利佛逝　在蘇門答臘東南部　亦即舊港

耶婆提　見蘇門答臘古國考六八頁　九三頁　九〇頁

投和　蘇門答臘古國考一二二頁

婆利　蘇門答臘古國考一二三頁　婆羅洲

呵羅單　蘇門答臘古國考一二三頁　爪哇

婆登　蘇門答臘古國考一二三頁

金隣　扶南考十〇頁　卅一頁　馬來半島　中國南洋交通史190

交阯郡　大越　今東京

訶陵 爪哇之中部東部 見交廣印度兩道考86、96、98、100
訶陵亦曰社婆曰闍婆。島夷志略爪哇即古闍婆國 唐書

羅越 馬來半島東岸

巴布亞 即新幾內亞實當屬澳洲

麻里予兒 沒剌由 。之史。二一 羅越人與麻里予兒舊相讎殺 又二卷
。大德三年暹番沒剌由羅斛諸國各以方物來貢應即一國
交廣印度兩道考82、83

忻都 。之史之忻都即印度

暹八 。之史。卷二 大德元年六月爪哇遣國暹八等國二十二人
來朝 之史中之占波當作占城，或占八，此疑是 交廣印度兩道考83

占八 。見上條

（八番）之史本紀常見 其國應在雲南 見廣印度兩道考83

（火山國）蘇門答臘古國考一二三頁

（九稚）扶南考十三頁 馬來半島 中國南洋交通史119

（典遜）扶南考十四頁

（九真）古越今清華至安南間

（九德）古越今乂安河靜等

（八百媳婦）景邁

（暹羅斛）之歷史 見廣印度兩道考76至86

（婆利）見新唐（麻喏巴歇）志諸蕃（麻里麻里）見廣印度兩道考頁九〇（九七）兩印那婆樓

（赤土）非暹羅 見廣印度兩道考92 中國南洋交通史上40

峯州　古稱為白鶴州地，即今山西全省

長海　東邦陵羽西近麻六甲海峽，見蘇門答臘古國考九二頁

婆遼　蘇門答臘古國考一二一頁，扶南考一一頁[redacted]二四頁

馬來半島　中華民族拓殖南洋史五五頁在書館8

隋和羅　蘇門答臘古國考一二三頁　交廣印度兩道考136

象林　秦代和平南越考九十頁

[redacted]

訶羅單。隋書赤土國有訶羅旦國，在瓜哇　交廣印度兩道考頁九二

闍婆婆達。宋書本紀闍婆婆達，列傳闍婆達，目錄闍婆達

南史目錄列傳闍婆達，本紀作闍婆娑達，四三三年之記載則

作闍婆洲，訶羅單國亦有揚闍婆、婆達二國，誤合為一　交廣印度

西道考 頁八二

浡林邦 在蘇門答臘東亦作巴鄰旁即巨港亦即舊港 中國南洋交通史87

吉蔑 名見唐書 昔真臘 今柬埔寨

室利佛逝 都城在今浡林邦或浡林邦附近即三佛齊也 亦佔 佛逝見交廣印度兩道考八六頁 中華民族拓殖南洋史

葉調 即爪哇 蘇門答臘古國考六七頁 西域南海史地考證譯叢續編一一五頁 交廣印度兩道考八六頁

赤土國 蘇門答臘古國考一二二頁 扶南考一七頁 在馬來半 [redacted]

屈都昆 一 扶南考十三頁 馬來半島 中國南洋交通史119

日南郡 承天府附近此郡今之安南國南部代稱拉角 安南國 即橫山安南國乃郡人之居此山在河靜廣平兩省交廣

印度兩道考47

麻逸 志 諸蕃 摩逸 考 直 今菲島中民都洛 中華民族拓殖南洋史27 埋 中國南洋交通史71 72 85

占不勞山、占筆羅。通典一八八林邑浦外有不勞山林邑浦即

今廣南江不勞山今峋嶗占新書有羅州使象林之義這不勞

山畢自龍賈耽路程占不勞山在環王國東二百里海中時

之占筆羅也只有西洋　今之東陽村南　在廣九世紀時占婆

頓遜　乃占(?)穆種族所屬之處　唐宋元時代中西通商史129　中國南洋交通史上49

西羅志謂蘇條加那之。今錫蘭　唐宋貿易港研究　佛伽羅細蘭　通史　中國南洋交通史上17　24頁

藍無里志謂藍無里[illegible]，即一地　中國南洋交通史上88

羅(?)羅國。唐賈耽所言見唐宋貿易港研究39　西域南海史地考證譯叢107至109　中國南洋交通史上冊

層拔國。見趙汝适諸蕃志。或即非洲東岸桑給巴爾　唐宋元時代中西通商史

32　層檀羅、層拔羅、層拔　中國南洋交通史上71 89

「木骨都束」○見馮承鈞星槎勝覽即非洲索馬利海岸 唐宋之时代中西通商史 32

宋「故臨」之「俱藍」唐宋之时代中西通商史 89 93 125

中國南洋交通史上 44 67 70

唐「固羅」宋「古羅國」唐宋之时代中西通商史 89 95 124

「三佛齊」「室利佛逝」「磨卑」○室利佛逝唐三佛齊宋即巴鄰旁皆5

磨卑非一磨卑即巴鄰旁西之古貝也 唐宋之时代中西通商史[redacted]125

「大力國」○見元史世祖紀至元二十一年以馬来半島之巴太尼

唐宋之时代中西通商史 202

「那旺」○元史世祖紀至元二十三年來[redacted][illegible]十國之一即瀛涯勝覽

之「那孤兒」星槎勝覽之「那姑兒」在蘇門荅臘西北境 唐宋之时代中西通

南史203 蘇門答臘西之尼亞斯島204 即花面國 亦稱畫羅 中華民族拓殖南洋史56

丁呵兒○元史世祖紀至元廿三年入獻十國之一 即島夷志略之丁家廬 諸蕃志之登牙儂 海國見聞錄之丁噶啜 皆馬來半島之特麟干 唐宋元時代中西通商史205 中華民族拓殖南洋史57

急蘭亦帶○元史世祖紀至元廿三入獻十國之一 外國傳作急蘭亦解 為馬來半島之吉剌坦或吉剌坦 亦即海國聞見錄之吉連丹 諸蕃志之吉蘭丹 島夷志略同 明史三二六急蘭丹 唐宋元時代中西通商史205 中華民族拓殖南洋史57

來來○元史世祖紀至元廿三入獻十國之一 即度古者拉特印 西域記羅之 唐宋元時代中西通商史207

乾伯國○之史世祖紀至元十九入貢与諸蕃志之甘琶逸咭庫

木拜異譯 唐宋元時代中西通商史207

八哈剌國○之經世大典圖即巴林臨波斯灣 唐宋元時代中西通商史315

真里富○真臘之一部今西里美 唐宋元時代中西通商史218

交廣屬泰○航舶旅遣赴中國舍交趾廣東耽川種南海一道已

始廣州矣

宋稱大食西南蕃 唐宋元時代中西通商史123 127 128 131 134 南蕃用阿剌伯字 138

西南之丁氏吳氏及其都城 此時安南文化低於占城 西域南海史地

考證譯叢140至141 當時之占城 141 安南山系外為真臘即吉蔑帝

國 142 145 146 150至156 188

十世紀末占城都〇因陀羅補羅即六世紀初林邑都今東陽廢
城地近舊越易受侵故紀元千年頃遷於佛逝今平定省之
闍盤廢址 其海港名僧伽補羅即水經注大占海口 僧伽
補羅水即水經注林邑[illegible]西域南海史地考證譯叢144、145
交州峯州長州今東京平原 愛州演州驩州臣至清華乂安一帶驩州大抵當今
之清華 西域南海史地考證譯叢140
奔陀浪異譯曰奔陀浪見唐書四十三下賈耽道里 賓童龍諸蕃
志 賓瞳朧 賓陀陵嶺外代答卷二 賓同朧宋史五 賓頭狼山宋史四八九卷注輦傳
賓童龍明史三二四 賓童龍瀛涯勝覽西洋朝貢典錄 今名藩龍在安南中圻
南境 西域南海史地考證譯叢古籍145 又續編頁81 中國南洋交通史上44、64

真理富（眞臘）即諸蕃志占里婆 西域南海史地考證譯叢151 154

邏羅斛之原 西域南海史地考證譯叢152

留馬令。即宋史丹眉流 西域南海史地考證譯叢159 中華民族拓殖南洋史31 69 中國南洋交通史85

宋初越南半島諸國考 西域南海史地考證譯叢中

蒲甘 西域南海史地考證譯叢160

金鄰即[illegible]山 亦名隴山 西域南海史地考證譯叢166

混填爲擇跋國人 西域南海史地考證譯叢171 一說徼國 像國 馬文國174 175

横跌國178 中國南洋交通史上編18

加營勒營即訶陵 西域南海史地考證譯叢178 中國南洋交通史上編7 17 44

南海中之[illegible]。費瑯撰 在西域史地考證譯叢續編中

斯調即葉調考 西域南海史地考證譯叢113 120續編　中國南洋交通史上76

麻諾八歇之史 門庭 把逸 志略 島夷 闍婆 佰夷 渤泥 滕覽 涯見中華民 瀛 洋史 46 50 80 中國南洋交通史上82

佐法兒。見西域南海史地考證譯叢128

馬粟城即西卷 盧容 縣 盧容浦 郎湖の會浦 無勞湖 朱吾水 西域南海

史地考證譯叢續編 151 156至158

秦家郡 西域南海史地考證譯叢續編151

九真 西域南海史地考證譯叢續編152

日南 西域南海史地考證譯叢續編152 著日南 153 154

象林 西卷縣 西域南海史地考證譯叢續編154

林邑即占波 之始建國 西域南海史地考證譯叢續編155 拓佐原著156

范陽遺范賫根纈范謨蒼跐鍇州鏿

崐崘奴狀，以崐崘人比鍇銑

〔漢交趾〕今河內〔九真〕今清華〔日南〕今廣平

〔唐峯州〕白鶴及山西〔愛州〕今清華〔驩州〕今德壽府河靜（交廣印度兩道考 17）

〔合利摩羅摩〕∘業長人，以稱雪南兩種族[illegible]（交廣印度兩道考[illegible]）

合刺摩之名，限於南詔部落，而其它處於南詔之一切種族

〔太公城〕∘為緬甸古城之一，撗緒為其最初都城　元代知上緬

向日不斷〔江頭〕〔太公〕〔馬來〕〔安正〕〔蒲甘緬〕

〔驩州〕∘今乂安一部及河靜全省　安南史籍以驩州為乂安而

以隋之日南在今廣平廣治二省 隋之比景即唐之驩州 交廣印度兩道考47

隋日南郡在大南以范文來以日南北鄙橫山為界

橫山。范文來以為界耳在河靜廣平之間 交廣印度兩道考47

區粟城。亦在廣平之南 交廣印度兩道考48

占城之經。宋史一〇〇七年景德四真宗異其使言本國舊隸交州後奔於佛逝北去舊所七百里

安南史籍舊稱占城都之名有二曰佛逝曰闍槃廣南東陽南七百里即闍槃古城即一城

先在佛逝後在闍槃也 交廣印度兩道考頁54至56

諸蕃志占城國都新州

東西洋考以史三二の占施新城指平定之尸耐港即今坊

129 商史 仁占即載史之尸唎皮奈或毘尼也 佛逝今平定 唐宋之時代中兩通

林邑之疆○七三一年九閲之一月穆莫在北緯十七度十分計於
三一志天文林邑日在天頂北六度六分陰極高十七度四分共
地應為十七度二十四分
隋劉方平林邑置沖州以林邑郡屬為林州
一三七區攄縣攄象林　横山往河静廣平間范平言此为日
南北部
劉方破林邑得其王范梵志載還衆別建國邑
羅越佛逝○唐地理志賈耽廣州入海夷道海硤北岸則羅越國
南岸則佛逝國（可三千里）此海峽南為麻六甲兩邊者74　新唐書廣部度
寶霸奔山　唐地志賈耽入四夷道（可三千里）其室利佛逝傳曰

迷宋檀毒山　二下至二下　卷二二　見武廣南海島史考65　中國南洋交通史上44

室利察呾羅。見南海寄歸內法傳子緬甸　子唐爵西遊考68　中國南洋交通史上40、46

杜和鉢底。見宋唐印度西遊考68　即西域記墮和鉢底見下

室利差呾羅。見西域記卷十，今緬甸西　考唐印度西遊考69　中國南洋交通史上46

伊賞那補羅。見西域記卷十，今柬埔寨　考唐印度西遊考69　中國南洋交通史上47

墮羅鉢底。見西域記卷十，在室利差呾羅之東，伊賞那補羅之西　舊書卷一九七，謂與水真臘接界，所居在海南江城　杜和鉢底　中國南洋交通史上47

彌臣。在祿鄒江口　考唐印度西遊考73、69

坤朗　祿羽　大小崑崙　闍婆　訶陵。新唐書二二二下　由彌臣至坤朗有小崑崙部　由坤朗至祿羽有大崑崙王國　由崑崙

萬而西行度雪日行至摩地訶冊　海行五月至佛代國有江
支流三百六十　土俗異香共有市諸國估船所湊對海即闍
婆也　十五日行踰二大山一日西還一日射發有國……似
与佛代同經多葉補闍川至闍婆　八日行至婆靖伽盧國
闍婆者即訶陵則的為今之瓜哇訶陵傳曰王居闍婆城其祖
吉延東遷於婆露伽斯城二者疑實一經倆向南說重詳一查
來自海南婆婧伽盧應即婆露伽斯見廣州道考70　處高在與江
又附道
劉方平樹是佛經五百六十の考董[illegible]論者疑極種古籍見廣印度
馮遠考頁 67至71 33

杜薄通典 御覽。藏經霧亭記七一 七 亦作「社薄」，或即「諸薄」交廣印度兩道考94

「社婆」○見新唐書闍婆亦曰社婆 通考三三二 圖書集成邊裔典九卷

七 作「杜婆」交廣印度兩道考94

「摩訶瞻波」○見西域記即占波 交廣印度兩道考95 96

「多摩萇」「千支弗」○新唐書二二二下膽博傳 有多摩萇國南千支弗北訶陵

此訶陵者即西域傳之羯餕伽 交廣印度兩道考100

「擱古」○見讀史方輿紀要一卷一九

南海中大食○宋史闍婆傳南至海三日泛海五日至大食國

新唐書訶陵傳大食不敢加兵 史兼謂亞齊舊名大食 伯

希和謂不足信且以唯之南亦有大海 交廣印度兩道考102

柴歷亭○宋史闍婆傳九八西北汎海十五日至勃泥國又十日
至三佛齊國又七日至古邏國又七日至柴歷亭抵交趾達廣
州　柴歷亭𩔖即諸蕃志之日羅亭或日囉亭　交廣印度兩道考104
鉄陽淡洋○元史18至元二十一年遣兩亞里迷行字舒保梨努報洋使
此爲還吾國的人稱淡洋見交廣印度兩道考140　即阿魯（中華民族拓殖南洋史）
蓬豐　諸蕃志　彭亨　孟亨　彭坑　明史三二五　邦項　海錄　海在馬來半島　交廣印度兩道考　瀛寰志略二
登平儀　諸蕃志　丁嚕啞　海國聞見錄　丁加羅　瀛寰志略二　丁加囉　海錄　在馬（中國南洋交通史上87）
來半島　明史三二五　東西洋考四　瓜哇屬國丁機宜　海錄　諸
此地恐非　交廣印度兩道考121　今丁加奴　中華民族拓殖南洋史（丁家廬）　中國南洋交通史上86
吉蘭丹　諸蕃志作吉蘭丹　卷上誤在馬來半島　交廣印度兩道考125　中國南洋交通史上85

佛逝 〔末羅游〕 摩羅遊 木剌由 木來由 麻里 皆今蘇門答

予兒 沒剌由 馬來忽 沒剌予

剌猍親但指巴林馮 交廣印度兩道考106至128 中國南洋交通史上50

監篦 南巫里 元史 藍巫里 諸蕃志 明史誤分為南渤利 三 二 喃巫里 二 三

六 在蘇門答剌西北 交廣印度兩道考104 嶺外代答藍里 島夷志略喃啞哩 中華民族拓殖南洋史 36 37 56

速木答剌 速木都剌 蘇木都剌 蘇木達 須木達 須文那 須文達那

刪

蘇門答剌之史 皆見 明史誤分為須文達那 蘇門答剌 皆三二五 交廣印度兩道考112 中華民族拓殖南洋史74

婆魯師 郎婆露斯。在蘇門答剌西岸 交廣印度兩道考121

班卒 班卒兒。蘇門答剌西岸 交廣印度兩道考122 賓窣 中國南洋交通史上87

舊港 佛祇 口見交廣印度兩道考192 中國南洋交通史上44

「箇羅」「哥羅」「哥羅富沙羅」○馬來半島西岸 交廣印度兩道考129 宋史四八九

諸蕃志上「古羅」「古邏」乃白古之大小「古刺」 交廣印度兩道考131 中國南洋交通史上44

「勝鄧洲」○蘇門答剌之一部 交廣印度兩道考132

「細蘭」○見諸蕃志 即錫蘭 交廣印度兩道考134 西藏

「僧伽羅」其言「僧訶羅」新「僧伽剌」元史一三一亦黑迷失傳 並今錫蘭 交廣印度兩道考134 中國南洋交通史上17 29 88

「没來」○當馬八兒之西 天竺最南境 應為西域記十「秣羅矩吒」之即「秣」

「劇郎」 交廣印度兩道考135 中國南洋交通史上44

「千支弗」○南服千支弗与「摩臘」並在南印度 交廣印度兩道考135

「哥羅舍分」○書同卷作「迦羅舍佛」舊書一九七作「迦羅舍佛」 交廣印度兩道考136

「蘇洛鬲」。地在馬來半島 中華民族拓殖南洋史58

「文老古」。島夷志略「美洛居」。名山藏、東西洋考、蘭齊錄。○在摩鹿加羣島 中華民族拓殖南洋史59 中國南洋交通史上89

「底門」「底勿」。諸蕃志「古里地悶」。島夷志略「遍悶」。東西洋考、名山藏。○在帝汶島 中華民族拓殖南洋史59 89

「九州山」。今森美蘭 中華民族拓殖南洋史70 「九州石」中國南洋交通史上43

「啞齊」。即蘇門答剌 中華民族拓殖南洋史74

「蘇魯馬益」。萬名「蘇魯把牙」。今泗水 中華民族拓殖南洋史80

「蘇吉丹」。見名山藏。即杜板 中華民族拓殖南洋史81

「婆羅」「文萊」。即元浡泥 中華民族拓殖南洋史81 82

「文郎馬神」。今馬辰 中華民族拓殖南洋史83

葛郎。即唐书訶陵、諸蕃志闍婆、島夷志略希苓、實巾荅哈 中華民族拓殖南洋史47 50

戎牙路。即重迦羅，在今泗水 中華民族拓殖南洋史46 51 [redacted] 中國南洋交通史73 86

三嶼。即三島 中華民族拓殖南洋史29 51 [redacted] 中國南洋交通史71 84

蒲哩嚕 諸蕃志　麻里嚕 島夷志略。今馬尼剌 中華民族拓殖南洋史52

民多郎。今檳蘭蓋 中華民族拓殖南洋史53　即古麻剌朗86 [redacted]陀陵 中國南洋交通史上85

蘇祿。今Sulu 中華民族拓殖南洋史53

蒲奔 中華民族拓殖南洋史54

假里馬打。元史作假里馬荅 中華民族拓殖南洋史54

龍牙門。殆即新加坡舊硤 中華民族拓殖南洋史58　即凌牙門 中國南洋交通史上87

【㕩舍耶】。今菲律賓群島中之米賽亞諸島 中華民族拓殖南洋史30 52

【蓬豐】。即彭亨 中華民族拓殖南洋史32 57 中國南洋交通史上85

【南㕩】。蘇門答臘中部 中華民族拓殖南洋史36 【麻囉拔】【麻囉拔】 中國南洋交通史87 70

【蘇吉丹】。闍婆之支國，在今爪哇中部 中華民族拓殖南洋史39 中國南洋交通史上72

【新拖】。在蘇吉丹東 中華民族拓殖南洋史40 中國南洋交通史上73

【打板國】。即今杜並 中[redacted]民族拓殖南洋史40 45 81 居民架造屋宇與中國同43 中國南洋交通史上86

【渤泥】。在婆羅洲 中[redacted]民族拓殖南洋史40 81 其王衣服略效中國43 中國南洋交通史72 86

宋时三佛齊有中國文字 中華民族拓殖南洋史49

【勾蘭】。即交蘭山 中華民族拓殖南洋史45 51

古德中之拍喻爪哇 中華民族拓殖南洋史49

〔蒙㕸居〕。佁諳為宋六合〔中華民族拓殖南洋史88〕〔馬喏居〕〔中國南洋交通史72〕

〔珠利邪〕記羅隊〔注輦〕宋史〔馬八兒〕元史〔瑣里〕明史皆一國〔中國南洋交通史序例4上ス〕

阮[redacted]了[redacted]〔安里米羅〕珠利邪

67 70 75

〔東西洋〕。東西洋之稱始於何時以馬來半島與蘇門答臘為界

故印度洋為西洋〔中國南洋交通史序例1上編91〕[redacted]

〔賈州〕。或云流求或云呂宋〔中國南洋交通史上12〕

〔私訶疊〕〔私訶絜〕〔私訶條〕。即錫蘭〔中國南洋交通史上17 29〕

〔斯黎〕。即錫蘭〔中國南洋交通史上17 29〕

〔屯門〕。見賈耽道里〔中國南洋交通史上43〕

〔烏剌國〕。見中國南洋交通史上45

（甌〻）湄南江下游

（迦羅舍佛）（哥羅舍分）（吉羅）赤 訶蓄（哥羅）傳 諸蕃甌〻

馬來半島暹羅南境之東雅大八入

（羅斛）湄南江下游羅斛國 [Lopburi]，在曼谷北

（占城）（占婆）（占不勞）（瞻博）（占波）（摩訶瞻波）　疑即諸書之環王

（闍婆）（薩八）（占八）八董　或作

（真臘）今柬埔寨（吉蔑）詳為（吉蔑）（多蔑）　古吉蔑

即今南洋一帶所稱之民大日目白日為出印度民族

（驩州）今清華

（賓童龍）（賓陀羅）（阿那社）（賓瞳龍）　在安南中圻南境藩龍有

（投和）（隋羅鉢底）隋南江下游（杜和鉢底）（隋和羅）　疑古書之投和

（投和羅）（墮和羅）

扶南赤土丹丹所在

見舊唐書地理志四十一卷

卷下 卷下

泉州至流求路

唐书地理志泉州（四一上）

崑崙

晉書孝武文李太后傳：〻〻為宮人，在織坊中，形長而色黑，宮人皆謂之崑崙。

宋書王玄謨傳：孝武狎侮群臣，〻〻〻，又寵一崑崙奴子，名白主，常在左右，令以杖擊群臣，自柳元景以下，皆罹其毒。南史

宋書王琨傳：父懌不慧，侍婢生琨，名為崑崙。懌後娶南陽樂玄女，無子，改琨名，立以為嗣。

崐崘

齊書荀伯玉傳「世祖在東宮，﹍﹍任左右張景真，﹍﹍景真﹍﹍度絲錦與崐崘舶營貨，輒使傳令防送過南州津」

南史孔範傳「後主多出金帛募人，﹍範素於武士不接，莫有至者，唯負販輕薄多從之，高麗百濟崐崘諸夷並受督」

北齊書魏收傳「以託附陳使封孝琰，牒令其門客與行，遇崐崘舶至，得奇貨猓然褥表、美玉、盈尺等數十件，罪當流，以贖論」

崐崘

續高彥琮傳「積將南方諸國人從軍至崐崘人

頗解其語遣人時譯之彥琮不從」

昆侖

五代史慕容彥超傳吐谷渾部人漢高祖同產弟也嘗冒姓閻氏彥超黑色故號閻崑崙

舊書卽漢高祖之同產弟也嘗冒姓閻氏體黑麻面故語之閻崑崙

案新舊史皆言高祖本沙陀部人高祖面紫色目睛多白

昆侖

唐書則天紀光宅元年七月戊午廣州昆侖殺其都督路元叡ㄴ

舊王綝（方慶）傳則天時累遷廣州都督廣州地際南海每歲有昆侖乘舶以珍物與中國交市舊都督路元叡冒求其貨舶商不勝忿殺之昆侖懷刃殺之方慶在任數載秋毫無所索（不犯）ㄴ字方慶ㄴ以字顯

舊書權徽本主實求諦主紀已于官謝朏爲天士又有男未太平

數息昆侖爲日本對羅沐獨之侍子之乃于師子國服飾係昆侖爲奴

徽陽國古徽國同名此鑑註

徽蕃黎此鑑註

徽右○通鑑注，自宋以來謂部謝讀章讀之，讀右所置諸部讀之

右部通鑑梁紀武帝普通八年注
噶右即徽處乃當時譯音十七史商榷

五水徽鑑註

大陽徽鑑註

河東蜀綿蜀赤水蜀不鹽播

蘇迷盧山唐言妙高山舊曰須彌 大唐西域記2

阿那婆答多池唐言無熱惱舊曰阿耨達 又4

殑巨升反伽河舊曰恒河 又

縛芻河舊曰博叉 又　案即阿母

徙多河舊曰私陀 又　案謂系中國河源葉尔羌河梵名

信度河舊曰辛頭 又

天竺舊云身毒或曰賢豆今從正音宜云印度〻〻之人隨地稱

國殊方異俗遙舉總名語其所美謂之印度〻〻者唐言月 21又

天竺人仕隋骨儀死節○隋書卅九陰壽傳骨儀傳 亦見北史

尼婆羅。唐尼婆羅　之尼博囉阿尔尼格此國人傳見元史二〇三

明尼八剌　清初巴勒布雍十內附乾卅三廓尔喀人入據之

改稱廓尔喀

通海。南詔設二都督，一治通海，今通海縣
拓東都督。今昆明，唐昆州，隸戎州都督府叙州，天寶末陷於南詔
南詔廣其城，名曰拓東，南詔設六節度，拓東其一，九世紀時更
名鄯闡，為南詔之陪都
安寧城。今昆明西南之安寧，於唐為縣，隸昆州，為閣羅鳳所陷
河蠻走重慶之
雲南城。賈耽入四夷路雲南城，時亦作雲南，今雲南縣
白崖城。亦作白巖，南詔十瞼之一，今趙州儀鳳東
蒙舍城。蒙舍亦南詔十瞼之一，今蒙化北十五里
龍尾城。大理南北兩關，北關曰上關，南關曰下關，下關之之舊名詛

尾上関首名龍首

太和城。今大理府治南十五里。今大理府治北陽苴咩城也。太和新城，亦作大和陽苴咩，亦作陽苴咩。十賧之一，蕃称陽賧

步頭。即蠻書之賈勇步，賈耽之古涌步，今之臨安府建水

唐近徼界曰羈縻。通鑑註六上

宋時大理國境。西域南海史地考證譯叢146

麗水。見賈耽道里，即今之禄郫水

斯賓國。見隋書南息付見唐宋貿易港研究[redacted]20

烏那曷隋書 烏拉喝書新唐。中亞小國

八哈剌國。見元經世大典圖 此也巴林邦摩音譯 臨唐 唐宋之時代中西交通商史

215

中國商舶航阿曼波斯等地 唐宋之時代中西通商史215

屈支玄奘 丘慈 丘茲 屈茨 苦叉 經書 大典 苦先 曲先。今通稱

跋祿迦玄奘 婆樓迦月藏經 姑墨。湊

斡端。即和闐

范陽 北史吐呼羅 東至范陽國 帆延隋書漕國北去帆延七百 里又見卷六十七裴矩傳 失帆延隋書 大業十 紀

一筆 唐會要亦作失範延 舊書謂曰失范延 新書二百二十一

入貢

下帆延、望衍、梵衍那，同玄奘。册府元龜作范延。慧超五天竺國傳

作犯引。西域南海史地考證譯叢九編十三

犁軒。西域南海史地考證譯叢十六

拂菻。元史愛薛拂菻人。此拂菻為富浪對音。西域南海史地考證譯叢六

拂利剌。此傳達職。見賓耽送至。西域南海史地考證譯叢川

罽賓。漢時的是什米尔，七世紀中葉為迦畢試。西域南海史地考證譯叢135

〔怯失〔答〕里撲子〕。見元史為波斯灣東洋貿易港。唐宋貿易港研究40

〔木剌〔夷〕〕元史〔木乃奚〕西使記。波斯北部為伊斯蘭教徒之一派

〔縛達〕新唐書〔白達〕嶺外代答。見唐宋貿易港研究30

〔茂門〔暮門〕〕。新書茂門王遷汀紀大食王饞暮門見唐宋貿易港

研究28

夏臘城。新書大食傳舊書同見唐宋貿易港研究20

呼羅珊。新唐書見唐宋貿易港研究21

木鹿。新唐書見唐宋貿易港研究2

縛喝。西域記見唐宋貿易港研究21 安息國下

于羅國。見隋書西域傳見唐宋貿易港研究18

中西交通

（魏志30）12上（蜀志13）2上（15）3上（吳志三）41下 16下

（三）2上 2上（晉錫書未自海外否則不安所自

摩訶陀考 12上（西）45上（六）16上

（晉書）（九七）7下

（宋書林邑傳方物侍求 （夷傳

其國所稱係異時者 未有之錄

（又）卷九十七暮

（魏書）（卅）15下 （23）41下 （78）3下6下

（梁書）（五四）3上 7下

南方廿一頁

（晉志）（十）4上（十五）4下（十六）4下

（宋書）（三）7下（八四）6下（九二）1下 3下（六五）3上 5下

（晉書）（九七）7下 九十七異域之傳

（齊書）（卅二）2上（卅六）2下 3下（四六）6上（五八）3下

（梁書）（五二）1下（五三）1下（五四）1下

（陳書）（九）3下（十七）2上（四三）8上

南史（十五）4上（十八）4上（五三）2上 1上（24）3上（26）6下（75）3下 4上 下（78）3下（88）3下

8下（39）1下（48）7下（51）2下（59）6下（66）7下（72）1下

（卅）1下（78）1下 2上 7上（70）4上

中西交通

魏書102下

唐書180 卄下 220 54

居南方者之貪

（南書）31上

（北史）三5下（六十）9上 六十九上以度黄

陰顯

（隋書）（宋書）（宋書）7上（宋史）7下（宋史）3下

（晉書）（南史）2上 9下

中國文化西行

簡文帝大寶元（西五五〇）波斯人傳蠶種至東羅馬都城（君士坦丁）

唐玄宗時大食獲紙匠在撒馬兒干立紙廠 時歐洲尚用

羊皮紙十二世紀造紙法始入歐洲

羅盤 見夢溪筆談卷廿四 歐人製磁針作航海用

始一三〇二（元成宗大德六） 蓋由阿拉伯人傳

火藥一三四六德人製（元順帝至正六）

德人製活字時一四三八（明英宗正統三）

貿業（商）

宋代海外貿易 唐宋之時代中西交通商史 3 4 23—26 30 35 54
元代海外貿易 唐宋之時代中西交通商史 36 37
宋時蕃商所居曰蕃坊，選其人為蕃長 都蕃長 唐宋之時代中西交通商史 43 44
蕃商多豪富，娶中國女子甚多 45 有通中學應科舉者 46
久居不歸者亦有之 48
宋之時大食商人多乘中國船 唐宋之時代中西交通商史 47 83
宋時海南島有商舶 唐宋之時代中西交通商史 131，[illegible]見西域南海史地考證譯叢 115
唐以來稅則規費及官吏受取 唐宋之時代中西交通商史 152 183 188
宋之時官吏私營海外貿易 唐宋之時代中西交通商史 171
元代力圖恢復海外貿易 唐宋之時代中西交通商史 198

〇商

魏の弗悛 魏时西域胡人估 中國民族史311下冊

唐时大食人附記上 胡賈之多313 314 大食人回鶻313

劉鋹娶波斯女314 事見新五代史六五42

元时西域人 印度人 譯理 天文 醫 又314—317 又321—324

俄人为兵323

明禁色目人自相嫁娶324

元时大食人322

大食人蒲姓—由317 蒲姓情形 明錮蒲姓317—320

四裔

烏孫屬那耳的系即像胡人餘緒的 中國民族史 下册 294 296 299 301 307

斯坦因謂西域已亡三種文字 康居 龜茲 于闐 于闐

襍西藏突厥人 又295

哥薩克即哈薩克自稱欽察乃金 又309 即吉利吉思 45

纏回自稱喀什噶爾人 狀類白人但眸子黑 47

漢回即東干從何處來 44

の篇

回教＝西域——天山南路 中國民族史304 冊36

和卓世系41 阿古柏 帕夏譯言王41

額魯特即衛拉特亦即加爾滿克人98

今羌族即唐古特 羌與蒙古之爭142

Tibet即吐蕃土伯特譯文157

西藏高原148—150

嚈噠即白匈奴150

吐谷渾碑突厥書作碑突鑯九
九姓

五卯氏字八8卜 鐘九

重其帝(?)　文帝本紀

隋初而中國失道(?)，男(?)知突厥。文帝之於突厥也，勤其力甚少，而收後績之效極〔甚〕速(?)，雖突厥之內亂有以助成之，然其時(?)長孫晟用奇謀（運籌決策），厥之功亦不可沒也。

突厥強盛始於木杆可汗，佗鉢因周、齊之爭相交結而益驕，已見晉南北朝史第十六章第九節。隋書突厥傳曰：木杆舍其子大邏便而立佗鉢。佗鉢以攝圖為爾伏可汗，統其東方；又以其弟褥但可汗子為步離可汗，居西方。佗鉢病，謂其子菴羅避大邏便。佗鉢卒，國中將立大邏便，以其母賤，衆不服。菴羅母貴，突厥素重之。攝圖後至，謂國中曰：若立菴羅者，我當率兄弟以事之。如立大邏便，我必守境，利刃長矛以相待矣。攝圖長且雄，國人莫敢拒，竟立菴羅為嗣。大邏便心不服，每遣人罵辱之。菴羅不能制，因以國讓攝圖。攝圖號伊利俱盧設莫何始波羅可汗，一號沙鉢略。治都斤山，菴羅降居獨洛水，稱第二可汗。大邏便乃請沙鉢略曰：我與尔俱可汗子，尔今極尊，我獨無位，何也？沙鉢略患之，以為阿波可汗，還領所部。

隋初突厥其分崩離析之情形如此。

宋康付大沙鉢略勇而得衆，北方皆畏附之。及高祖受禪，待之甚薄，北夷大怨。會營州刺史高寶寧作亂，沙鉢略與之合軍，攻陷臨渝鎮，上敕緣邊修保鄣

峻長城以備之仍命重將出鎮幽并沙鉢略妻周氏之女曰千
金公主自傷宗祀絕滅每懷復隋之志日夜言之於沙鉢略由
是悉衆為寇武威天水安定金城上郡弘化延安六畜咸盡於
是天子震怒下詔言周齊之世竭生民之力供其來往傾府庫之
財棄於沙漠猶復劫剝烽戍殺害吏民無歲月而不有也朕受天
明命子育萬方以為厚斂衆庶多惠豺狼未嘗感恩資而為賊違
天地之意非帝王之道節之以禮不為虛費因入賊之物加賜將
士息道路之民務於耕織云云此可謂渙汗大號以御夷之新策
明詔天下矣然又云皇王舊迹北止幽都無勞兵革遠規漠海廣
闢邊境嚴治關塞使其不敢南望永服威刑臥鼓息烽暫勞終逸

[illegible]行[illegible]懷怨，在所[illegible]有時[illegible]，再[illegible]恐
不可[illegible]知也[illegible]
并為元帥，出塞擊之[illegible]沙鉢略本作阿波[illegible]可汗[illegible]
敗之遣[illegible]時處羅侯[illegible]沙鉢略
以阿波驍悍，忌之，因其先歸，襲擊其部，破之，殺阿波之母。
阿波還無所歸，西奔達頭[illegible]
頭[illegible]十萬騎[illegible]沙鉢略相攻[illegible]阿波[illegible]沙鉢略
略[illegible]其[illegible]屢[illegible]達頭[illegible]沙鉢略[illegible]地勤察別統部落
與沙鉢略有隙，復以衆叛歸阿波，連兵不已，各遣使詣闕請和求援
據[illegible]不許[illegible]請[illegible]高祖[illegible]

和使於沙鉢略。晉王廣時鎮并州，請因其釁而乘之，上不許。沙鉢

~~略遣使[illegible]上[illegible]是孫文暢[illegible]是[illegible]~~ 祖[illegible]

既是沙鉢略婦翁，今日看沙鉢略共兒子不異，常使之外，今特別

遣大臣虞慶則往彼看女，復看沙鉢略也。沙鉢略陳兵列其寶物，

坐見慶則，稱病不能起，且曰：我諸父以來不向人拜。慶則責而喻

之。千金公主私謂慶則曰：可汗豺狼性，過與爭，將齧人。長孫晟說

喻之，攝圖辭屈，乃頓顙跪受璽書，以戴於首。既而大慚，其群下因

相聚慟哭。慶則又遣稱臣，沙鉢略謂其屬曰：何名爲臣？報曰：隋國

稱臣，猶此稱奴耳。沙鉢略曰：得作大隋天子奴，虞僕射之力也。贈

慶則馬千匹，并以從妹妻之。晟[illegible]在周，爲副宇文神慶送 則云

首尾猜嫌，腹心離阻，十數年後，承釁討之，必可一舉而空其國矣。

上省表大悅，因召與語。晟復口陳形勢，手畫山川，寫其虛實，皆如

指掌。上深嗟異，皆納用焉。因遣太僕元暉出伊吾道，使詣玷厥，[illegible]

賜以狼頭[illegible]授晟車騎將軍，出黃龍道，齎幣賜奚、霫、契丹等，遣為

鄉導，往至處羅侯所，深布心腹，誘令內附。[redacted]後突厥大入，阿

波至涼州，與竇榮定戰，晟為偏將，使[illegible]說之，阿波因留塞上，使人隨

晟入朝。時攝圖與衛王軍遇，戰於白道，[illegible]敗走，至磧，聞阿波懷貳，

乃掩北牙，盡獲其衆而殺其母。阿波還無所歸，西奔玷厥，乞師

餘萬，東擊攝圖，復得故地，收散卒數萬，與攝圖相攻，阿波頻勝，其勢益

強。攝圖又遣使朝貢，公主自請改姓，乞為帝女，[illegible]

聯民鉅賢王處羅可汗之不肯…立大隋[redacted]皇帝[redacted]皇帝也豈
敢門下侍從陰備竊謂據今佳居騰稽顙於西突厥本番清問跡迺
真標月条並問祖與長孫晟從遊業[illegible]制甘衛平已也

攝圖以開皇七年死[illegible]突厥付云

[redacted]

初攝圖以其子雍虞閭性懦遺令立其弟
葉護處羅侯雍虞閭遣使迎之處羅侯曰我突厥自木杆可汗已
來多以弟代兄以庶奪嫡失先祖之法不相敬畏汝當嗣位我不
憚拜汝也相讓者五六處羅侯竟立是為葉護可汗以雍虞閭為
葉護遣使上表言狀上賜之鼓吹幡旗處羅侯以隋所賜旗鼓西

[redacted]

征阿波敵人以为得隋兵所助多來降附遂生禽阿波厥而上之书
請阿波生死之命上下其議高熲進曰骨肉相残教之蠹也存養
以示寬大上曰善[redacted]長孫晟持節拜處羅侯為莫
何可汗以雍閭為葉護可汗處羅侯因晟奏曰阿波為天所滅與
五六千騎在山谷間伏聽詔旨當取之以獻乃[redacted]召文武議[redacted]
[redacted]為樂安公元諧曰請就彼梟首以懲其惡武陽公李
充曰請生將入朝以示百姓晟曰阿波之惡非負國家因其困窮
取而為戮恐非招遠之道不如兩存之上曰善[redacted]旗鼓之賜
未必別遣一使晟付但云處羅侯因晟請旨不云阿波禽於是时
突厥傳之言當誤即其謂處羅侯為葉護可汗亦誤突厥稱可汗者

非一葉護之牙自當屬於雍虞閭處羅侯則自棖莫何也突厥傳云其後處羅侯又西征中流矢而卒其衆奉雍虞閭為主是為頡伽施多那都藍可汗雍虞閭遣使詣闕賜物三千段每歲遣使朝貢時有流人楊欽亡入突厥中謬云彭國公劉昶與宇文氏謀反令大義公主發兵擾邊都藍執欽以聞其弟欽羽設部落强盛都藍忌而擊之斬首於陳平陳之際上以陳叔寶屏風賜大義公主主心恒不平因於屏風為詩叙陳亡自寄上聞而惡之公主復與西面突厥泥利可汗連結上恐其為變將圖之會主與所從胡私通因發其事下詔廢黜之恐都藍不從遣奇章公牛弘將美妓四人以啗之時沙缽略子曰染干號突利可汗居北方遣使求婚上

今（作表）裴矩謂之曰當殺大義主者方許婚突厥以爲然復譖之都藍因發怒遂殺公主於帳[redacted]長孫晟傳曰八年處羅侯死遣晟往弔仍齎陳國所獻寶器以賜雍閭十三年流人楊欽亡入突厥詐言彭城公劉昶共宇文氏女謀[redacted]欲反隋稱遣其來密告公主雍閭信之乃不修職貢又遣晟出使微觀察焉公主見晟乃言辭不遜又使所私胡人安遂迦共欽計議扇惑雍閭晟至京師具以狀奏又遣晟往索欽雍閭欲勿與謬曰檢校客內無此色人晟乃貨其達官知欽所在夜掩獲之以示雍閭因發公主私事國人大恥雍閭遂執遂迦等並以付晟上大喜加授開府仍遣入藩涖殺大義公主雍閭又表請婚僉議將許之晟又奏曰臣觀雍閭反覆無信特

26

共貽厥有隙所以依倚國家繼與為婚終當必叛今若以尚公主
所藉威靈貽厥染干必又受其徵發強而更反後恐難圖且染干
者處羅侯之子也素有誠款於今兩代臣前與相見亦已通婚不
如許之招令南徙兵少力弱易可撫馴使敵雍閭以為邊捍上曰
善又遣慰喻染干許尚公主[redacted]與處兩傳所言互以互相補
臣皆可見反席君臣籌策之深[redacted]措置之慎也[redacted]咸付大云
十七年染干遣五百騎隨咸來逆女以宗女封安義公主[redacted]妻之
咸說染干率衆南徙居度斤舊鎮雍閭疾之亟來抄略[redacted]染干伺
知動靜輒遣奏聞是以賊來每先有備十九年染干因咸奏雍閭
作反具欲打大同城[redacted]詔發六總管並取漢王諒節度分道出塞討

之。羅闢大懼，復共達回同盟，合力擁衆，與大戰於長城，梁
賢後殺其兄弟子姪，部落亦散，率其餘衆，乃五騎逼廷西。
乃東走，行百餘里，收其散百餘騎，乃相與謀曰：吾欲入朝于魏。
自大檀以來，世與魏讎，然此陸雖我父隆兄，陸若往投之，必相存濟。
威知其非，乃與是後者大伏破之，鎮其東，與梁平見四策，俱發問。
闕西域，土與羌衛也。威之曰：向於國家，減我以事之，是其衰多，舉三
皆走。其兵與後敗多而不敢近，將十大懼，請其家曰：追兵至。
迫，身奔援城。遂大鎮，威留其兵以鎮，令其衆自將，率軍馳驛。
拿闢軍，其兵與騎行險，驃騎將軍持節護送，勅河、涼二州發，于西意。
制。闢滿焉，歲入貢，並送萬人，於明州。梁大利，移城以居，率其十。

埃及古墓發見中國磁缾

一八三〇道光十〇茀伯斯 Thebes 埃及古墓

發見中國磁缾題有中國字不止一處

據研究實為明代物

後法普利斯 Prisse 詢諸阿拉伯古玩商人則自

謂此種缾非自古墓廢墟實來自紅

海上與印度通商之一巨埠云

常人謂羅盤鍼入歐始于馬哥博羅
據千二百年法詩人該約(Guyot)詩中
所述則法船領港共用羅盤針
在馬哥博羅前四十年

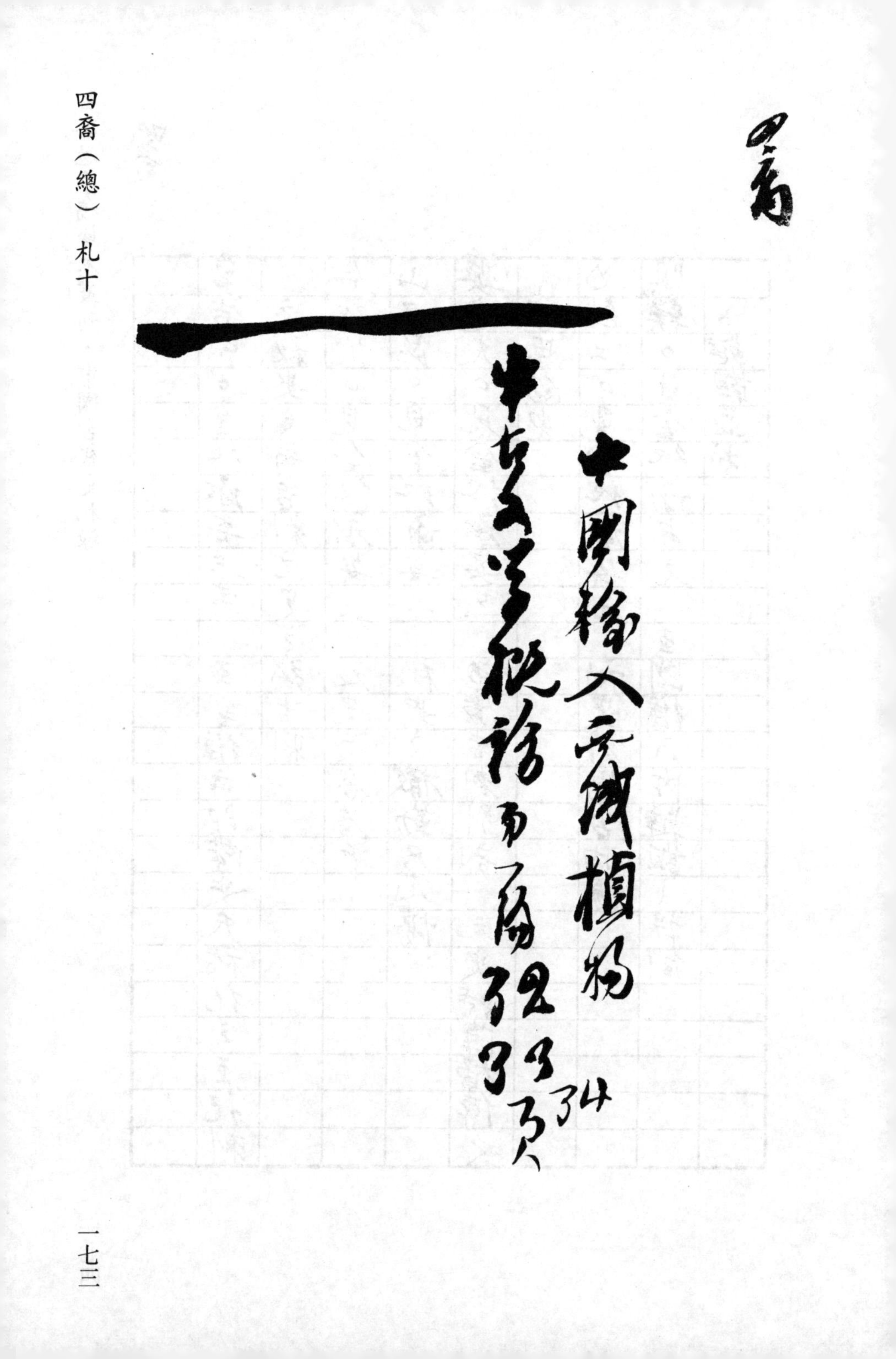

四裔

一

中國輸入芬蘭植物

中文學名總稱可否開列子目

四層

廣吉剌。金紀承安三年 王國維云即遼史天祚紀之王紀剌
之秘史之翁吉剌之史之弘吉剌
合底忻。見金紀承安三 秘史之合荅斤
山只昆。見金紀承安三 秘史之撒勒只兀惕
婆速火。見金紀承安三 為廣吉剌別部 元史特薛禪傳之
孛思忽兒
必刺土。見金紀承安三 秘史別惕古訥惕
阻轐。見金紀承安元 王國維云即韃靼之誤倒
卜韃靼並右

四裔

金界壕及邊堡。金毓黻宋遼金史云：金界壕分三段：一東北路，二臨潢路，三西北路，四西南路。東北起泰州，西經臨潢、金山，跨慶桓撫昌淨州之北，西至東勝、雲內，直抵黃河，與西夏接，長幾三千里，為近古史上之大工役。元之法據觀堂集林金界壕考 邊堡則東七北路有十九，臨潢路有三十七，餘二路無考。界壕者，掘地為塹，以限戎馬之足；邊堡者，於要害處城堡，以居戍人。章宗時有丞相襄主之，勠力卒以竣功，一時亦收小效。然界壕易為風沙堙塞，邊堡相距太遠，亦不易防守，故終無救於亡。

異族語存中國書中者。說苑善說越人之歌 障書

莫賀

魏書吐谷渾傳 碎奚……奚性淳謹三弟專權奚奚不能制諸大將共誅之奚憂哀不復攝事遂立子視連為世子悉委之事號曰莫賀郎華言父也

9

北日安西皆北戶

北景之北者作七

舊書地理志景州（四一〇三上下）

肅慎　貢楛矢石砮

晉書魏景元二年紀　武太康元　元太興二來貢見紀

樂志食舉東西廂歌「肅慎率職楛矢來陳」

又貢於石勒載記105下　季龍以贈李壽106上　苻生使閻負

梁殊使[illegible]涼州点喻以「致肅慎楛矢」之　貢楛矢

于苻堅113 107下

肅慎

宋書孝武帝紀大明三年十月己巳高麗國遣使獻方（南史紀是歲婆皇西高麗肅慎等國各遣使）

物（孔首乙）[redacted]肅慎國重譯獻楛矢石砮　高句驪傳大明三

年又獻肅慎氏楛矢石砮　符瑞志孝武帝大明三

年十月己巳肅慎氏獻楛矢石砮高麗國譯而至

南史高句麗傳大明二年又獻肅慎氏楛矢石砮

勿吉　年呂

（魏書）序紀平文帝二年「西兼烏孫故地東吞勿吉以西控弦上馬將有百萬」

太和二　十　十七　永平元　二　延昌二　三　四（是年兩至其一云獻楛矢）　正平二　天平三　興和二　三　武定二　四　五　均云朝獻或朝貢

太和十二云貢楛矢石砮

景明四　正始四　永平四　延昌元　四　云貢楛矢

以上皆見紀　正平二年十月丁酉　年呂國貢楛矢

北齊紀貢河清二、三、天統元、三、四、武平元、三、五、六

皆作靺鞨　惟武平三作勿吉

又天保五年七月戊子肅慎遣使[redacted]朝貢　此失閏

又高保寧傳：武平末為營州刺史，鎮黃龍，夷夏

重其威信，周師將至鄴，幽州行臺潘子晃

徵[redacted]黃龍兵，保寧率驍銳并契丹靺鞨萬

餘騎將赴救，至北平，知子晃已拔薊，又聞鄴都

不守，便歸營州。帝遣使招慰，不受敕書。范陽

王紹義在突厥中上表勸進范陽署保寧為丞相及盧昌期據范陽城起兵保寧引紹義集夷夏兵數萬騎來救之至潞河知周將宇文神舉已屠范陽還據黃龍竟不臣周

隋書高祖紀開皇元年七月庚午靺鞨酋長貢方物

~~[illegible]~~

陰壽傳言高寶寧連契丹靺鞨以反及壽平黃龍北遜寶寧又引契丹靺鞨之衆來攻韋沖傳還營州總管撫靺鞨契丹皆能致其死力裴仁基傳以斬獲寇掠靺鞨拜右光祿大夫段李景傳大業十二年令督遼東戰具于北平值為高開道所圍遼西太守鄧暠救之遂歸柳城將還幽州遇賊見害契丹靺鞨素感其恩聞之莫不流涕

隋書段文振傳：遼東之役，出南蘇道，在軍疾篤，上表勸煬帝速取平壤，以強敵在旁

靺鞨出沒之證

紀大業八年征高麗詔："乃兼契丹之黨，虔劉海戍，習靺鞨之服，侵軼遼西"

隋書契丹傳其俗與靺鞨同。室韋傳南室韋分為二十五部，每部有餘莫弗瞞咄。東靺鞨傳渠帥曰大莫弗瞞咄

隨書突厥文帝詔 往年利稽察大為高麗靺鞨所破

隨書靺鞨傳「自拂涅以東矢皆石鏃，即古之
肅慎氏也」

號室　拂涅　安車骨　伯咄　粟末　白山　高句　黑水

東夷列傳拂涅號室石鏃の、

「人皆射獵爲業，角弓長三尺，箭長尺有二寸，常
以石爲鏃，造毒藥傅矢以射禽獸，中者立死」

隋書高熲傳「平陳之役，以火攤法之積穀為拒守之策」

文帝南征方，隋平陳「閩王毅據獨強進偽」

奚契丹

慕容盛載記「盛討庫莫奚，大虜獲而還」（124外下）

熙在盛時「從征高句驪、契丹，皆勇冠諸將」，則此役或并征契丹。「熙北襲契丹，大破之」

後熙與苻氏襲契丹，憚其衆，將還，苻氏弗聽，乃襲高句驪。

馮跋載記「庫莫奚虞出庫真率三千餘落請交市，獻馬千匹，許之，處之於營丘」「契丹庫莫奚降，署其大人為歸善王」

三國魏志陳留王奐景元三年夏四月遼東
郡言肅慎國遣使重譯入貢獻其國弓三十張
長三尺五寸楛矢長一尺八寸石砮三百枚皮骨
鐵雜鎧二十領貂皮四百枚

毌丘儉傳正始〻〻六年復征〻宮遂奔買溝
使遣玄菟太守王頎追〻過沃沮千有餘
里至肅慎氏南界刻石紀〻功刊丸都〻山
銘不耐〻城〻〻〻〻
然則丸都不耐非肅慎地
刻石紀功與肅慎無涉也

奚

魏書㈢2上（十八上）3下（下）11上（五七）7下

北齊書天保三皇建元討之

奚朝貢之歲見紀

興安二 興光元 皇興元 二 三 四

延興二 三 四 五 承明元 又 又

太和元 又又 二 十四 十七

正始四 永平元 二 三 延昌元 二

三 四 正光四 五 孝昌二 永熙元

又

北齊書天保三 [redacted] 四 六七

八 河清元

[redacted]

莫弗

魏書烏洛侯國部落莫弗皆世為之

無莫弗長

契丹國顯祖時使莫弗紇何辰奉獻」

太和三年高句麗竊與蠕蠕謀地豆于契丹

懼其侵軼其莫弗賀勿于率其部落

〻〻〻此〻〻內附止於白狼水」

魏書契丹朝貢見紀

太延三 興安二 皇興二(元) 又 三

四 延興二 四 五 承明元 太和

元 又 又 三 十 正始四 永

平元 二 三 延昌元 二 三 四

熙平二 又 正光五 興和元 又 三

天平二 武定八

北齊書 天保三 七 河清元 天統

元 四

契丹

(四三)下(九七)北

北齊書天保四討之

契骨

隋文帝伐突厥詔：突厥之北，契骨之徒，切齒磨牙，常伺其便。

阿史那瓌

周書王謙傳趙与抗情高祖陰欲刺史阿史那瓌為書三萬及敗瓌亦誅

大亞墨利加國在南亞墨國北千里去此六千里實北美
洲也在吾中國之東之至於海亦萬二千里
東之之謂英國華盛頓史天餘傳者前載一
歐之人也北美國同年來守
北疆者即今天後之五大亞墨利加諸事於美

未知即是
亞墨利加否

隨書有隨傳百濟自西行亦相至猶云
北史
國千餘里

北史所論其亞墨利加地千島嶼無歷齊國及隋想亦遂絕其事
故莫能詳云

諸國傳

周書(四九)4上(五十)1下

北史(九三)2下(九四)7下(九五)11下(九六)9下(九七)12上(九八)21上(九九)22上

隋書(八二)11下 22上 5下(八一)1下(八四)2上

「北人謂歸義爲豆盧」見唐书宰相世系表（七四下・之上）

後魏七分其國人以兄弟分統之

唐書宰相世系表（七二上・二上）

虜代鮮卑　烏丸

宣帝時蕭侍古曆一九年月伐北蕭僕穫部為邊備

乃降敕宣令子儀以上郎花の塞五原萬家

渠稽招鮮卑雜種步馬五萬家於蘇含桐

邑定壯皇軍……

劉悍侍子高昊元年……時烏丸鮮卑數寇

邊將帥軍擊走之，深入千餘里，虜獲不

可勝紀　李北叢著

宋世黃河安奔「薛循傳」賊世了雅呈
東魏義」杜弼傳「武定中諱呈鮮卑」
皆自云我林由」
北方代共亡年代，第八周太宗乃用士，擇諸古席
鑿則又雖屆自如「劉路之亦見之矣

字文別種

舊書尚可抄得 東部鮮卑宇文之別種也代

奚
居松漠之間天寶末隸范陽節度

侯
安祿山後來史思明與之中間

烏丸王氏

舊唐書王珪傳：在魏爲烏丸氏，曾祖神念自魏奔梁，復姓王氏。祖僧辯，梁太尉、尚書令。父顗，北齊樂陵太守。

鳥潟侯

魏書紀 太平真君の頁

地豆干

考文獻四三百の四 太和三 六 十六の月數犯塞

甲戌伯西方窺軍陽平王頤與督走之 省伯頭 見七七孝證

延昌四 地豆干雜摩千字 正光五 太寧之二 の 七八

室韋

（魏書紀）武定二、四、六、七來貢

（北齊書）貢天保二 河清二 天統三 又見王峻傳（二五·三上）

北齊書王峻傳 除營州刺史……先是刺史陸士茂詐殺室韋八百餘人因此朝貢遂絕至是峻分命將士要其行路室韋部落大駭……擒其首帥而還因厚加恩禮放遣……室韋遂獻誠款朝貢不絕峻有力焉

于闐玉印

魏太祖崇付孝昌中於廣平市上萬拓得古玉印

勅台鑒与黃門侍郎李琰之令辨何世之物鑒

云此是于闐國王晉太康中所獻乃以墨塗

字觀之果如其言時人稱為博物

書此以列　于闐伯周華文

朱居波語類于闐

魏書朱居國亦作朱居波國在于闐西其人山居有麥

多林果咸事佛語與于闐相類

高祖时西域入貢

舊書楊恭仁傳（高祖時）為涼州都督「恭仁素（久宗）習邊事

習種落 出 陝毆 也

深悉羌胡情偽推心馭下人吏悅服自葱嶺以东

朝（率貢）

並入朝貢」（卷六十二）新書傳在卷百

案貞觀三年高昌王將入朝而西域諸國因之遣

使以魏徵諫而止見魏徵傳（九七之□）恭仁傳所云蓋

貢贄通於涼州也

神武族弟

北齊書平秦王歸彥傳　父徽以解胡言為西域大使

得胡師子以功得河東守遂死焉

西域胡

陳書蕭摩訶傳太建五年衆軍北伐摩訶隨都督吴明徹度江攻秦郡時齊遣大將尉破胡等……來援……有西域胡妙於弓矢弦無虛發」為摩訶所殺

細腳胡。、細胡。、

北史何妥傳 西城人也父細腳胡通商入蜀遂

致家郫縣事梁、武陵王紀主知金帛因致

巨富號為西、州大賈

考證隋書無腳字

握槊之戲

見魏書術藝傳（頁上）

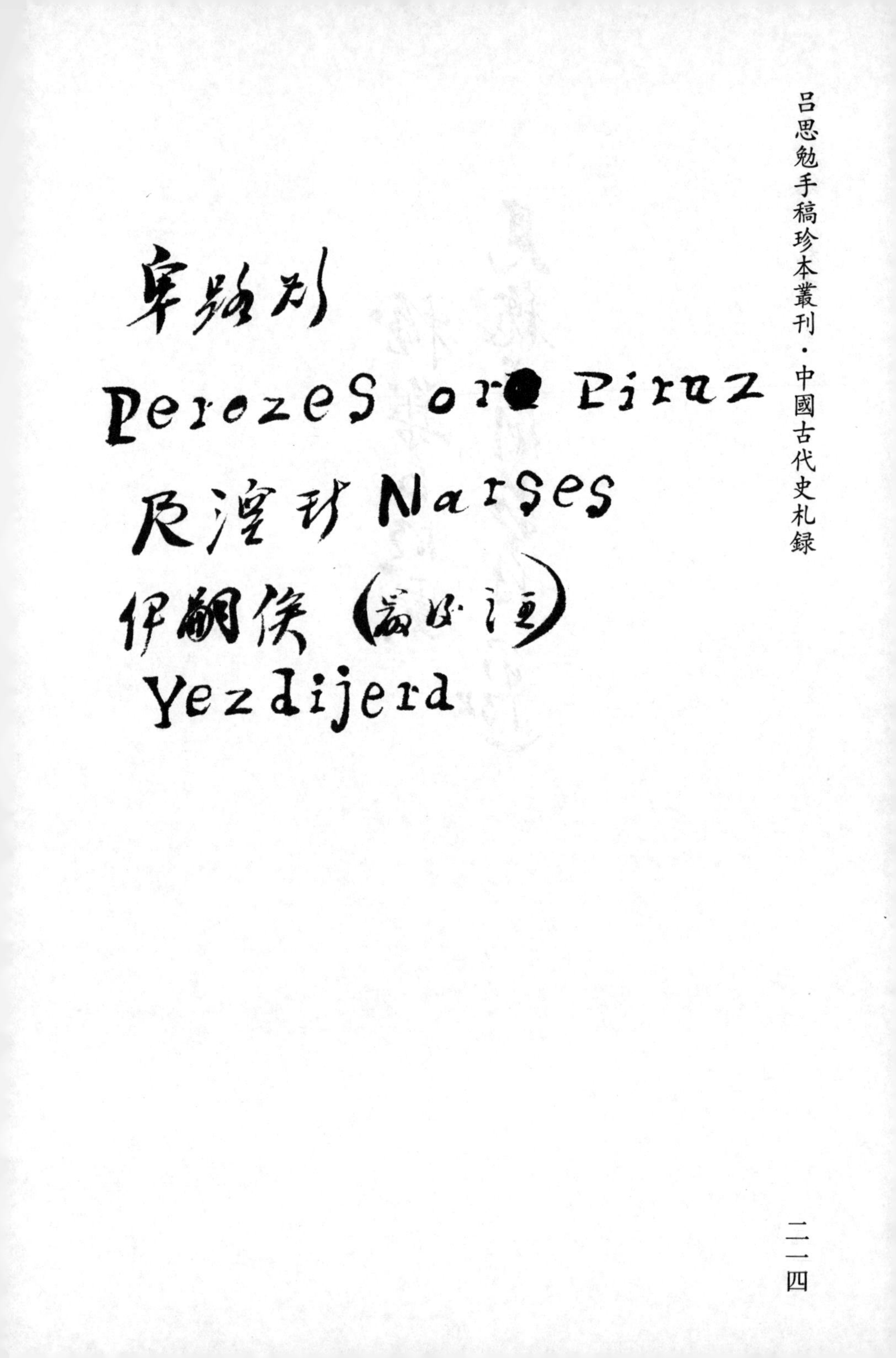

卑路斯

Perozes or Piruz

尼涅師 Narses

伊嗣俟（嗣字通）

Yezdijerd

敘利亞薩珊朝埃及波斯敵

辛丑三月記

Ardashir

波斯薩珊王朝始祖

(Sasanias)

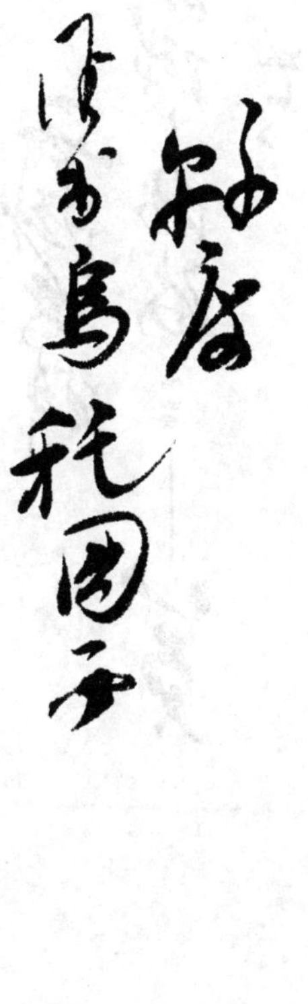

甲字

西域史料

西域人物篇 三——頁

共六

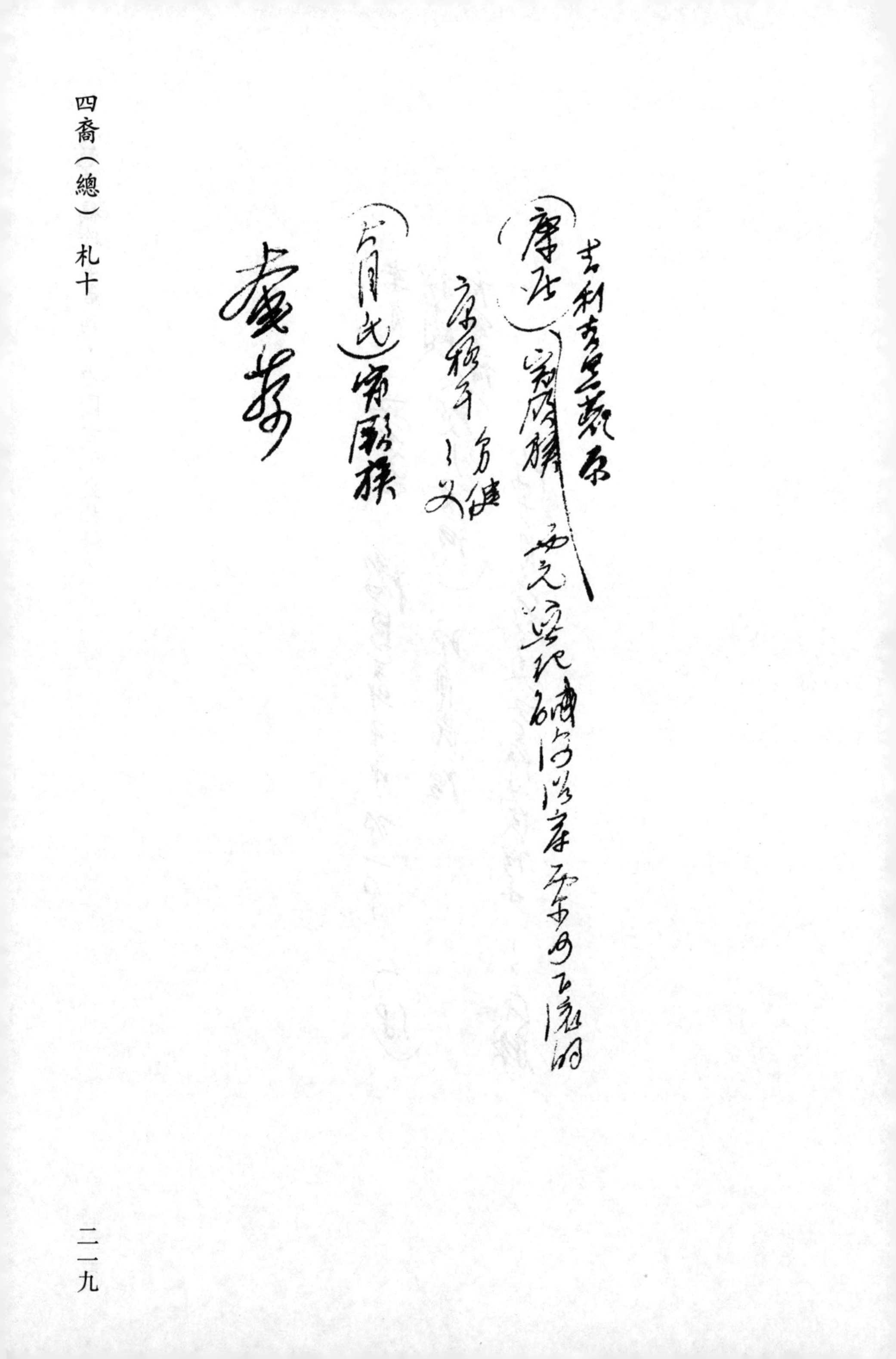

吉利吉巴藏原

（摩臣）宮殿様　西元[illegible]

京極年　方健　又

（大月氏）宮殿様

臺安

东方 西突厥 撒馬爾干中心那一節（注）

伊蘭人

諸靈語（梵文所謂） 印月氏種

陳大月氏稱夏文爲羅蔑視之 子民族

[illegible]

八種為136

滑國

梁武帝紀 普通元、七月[redacted]獻方物 元[redacted]七 南史並云 錄另人

白題 婆利白題國皆遣使獻（南史）

普通三獻方物

裴子野傳 是時西北徼外有白題及滑國遣 南史 遠覽
使由岷山道入貢 此二國歷代弗賓 莫知所出 子
野曰 漢潁陰侯斬胡白題將一人 服虔注云 白
題[redacted]胡名也 又漢定遠侯擊虜 八滑從之 此其
後乎 時人服其博識

嚈噠

魏書高宗紀（文成）太安二年　嚈噠普嵐國並遣使

朝獻　顯祖紀朝獻　和平二　の　延興元　ニ　以下ニ

神龜元　ニ　正光四　又

孝昌元年十月河州羌莫折元永平治中孟賓等推嚈噠

使主高徽行州事而莫刺史梁劍子景進殺之景

進又自行州事

永安三　獻師子一　永熙元　又

（十九史）北（四三）2下

周明帝二　宣二　陳永　貢遣使

獻方物

普嵐

魏書高（顯）宗紀太安二年嚈噠普嵐國各遣使朝獻

太和平六年八月破洛那獻汗血馬普嵐國獻寶劍

（顯祖獻文紀）皇興元年九月壬子高麗于闐普嵐粟特國各遣使朝獻

魏書高昌傳初前部胡人悉爲高車所徙入于焉
耆，焉耆又爲嚈噠所破滅，國人分散，衆不自立，
請主于嘉，嘉遣第二子爲焉耆王以主之 麴嘉 [illegible]

高車在魏太
和之年後

嚈噠三妻皆婆羅門姊妹 蠕蠕傳（103上）

挹怛

新唐書地理志突厥羈縻州 葛邏州以葛邏挹怛部置疑挹怛與葛邏祿雜居葛与賀魯州跌跌州同隸呼延都督府賀魯州以賀魯部置

厭達部活路城

新唐書地理志西域大汗都督府「以厭達部活路城置」（〇二二下8下）

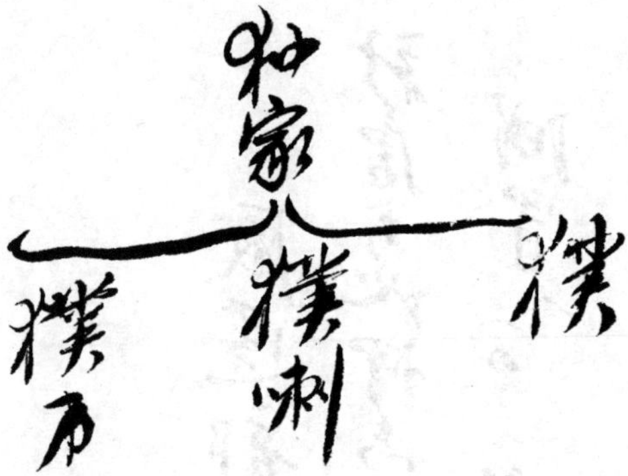
仲家
獛
獛喇
獛乃

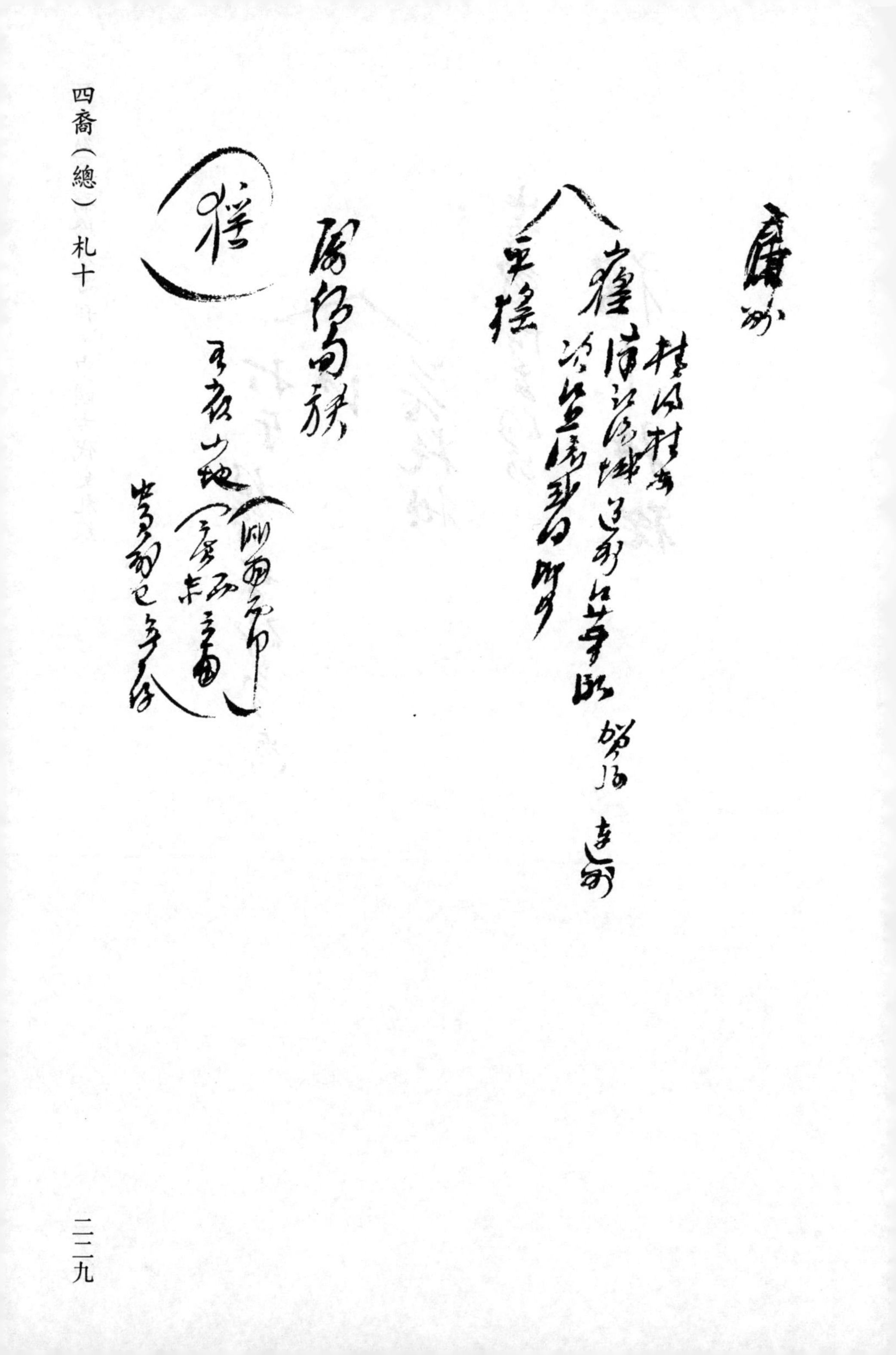

[illegible]

打牙絹嘴犂碎牙齒

扎

花枝招展

出醜放手似的

攢一攢攢

借人跡 小廬呈

允傳同 想樂佳

渦罗 竹石

增前 蒼深

（秋人）马克穆運歷回族 揮於日

wa

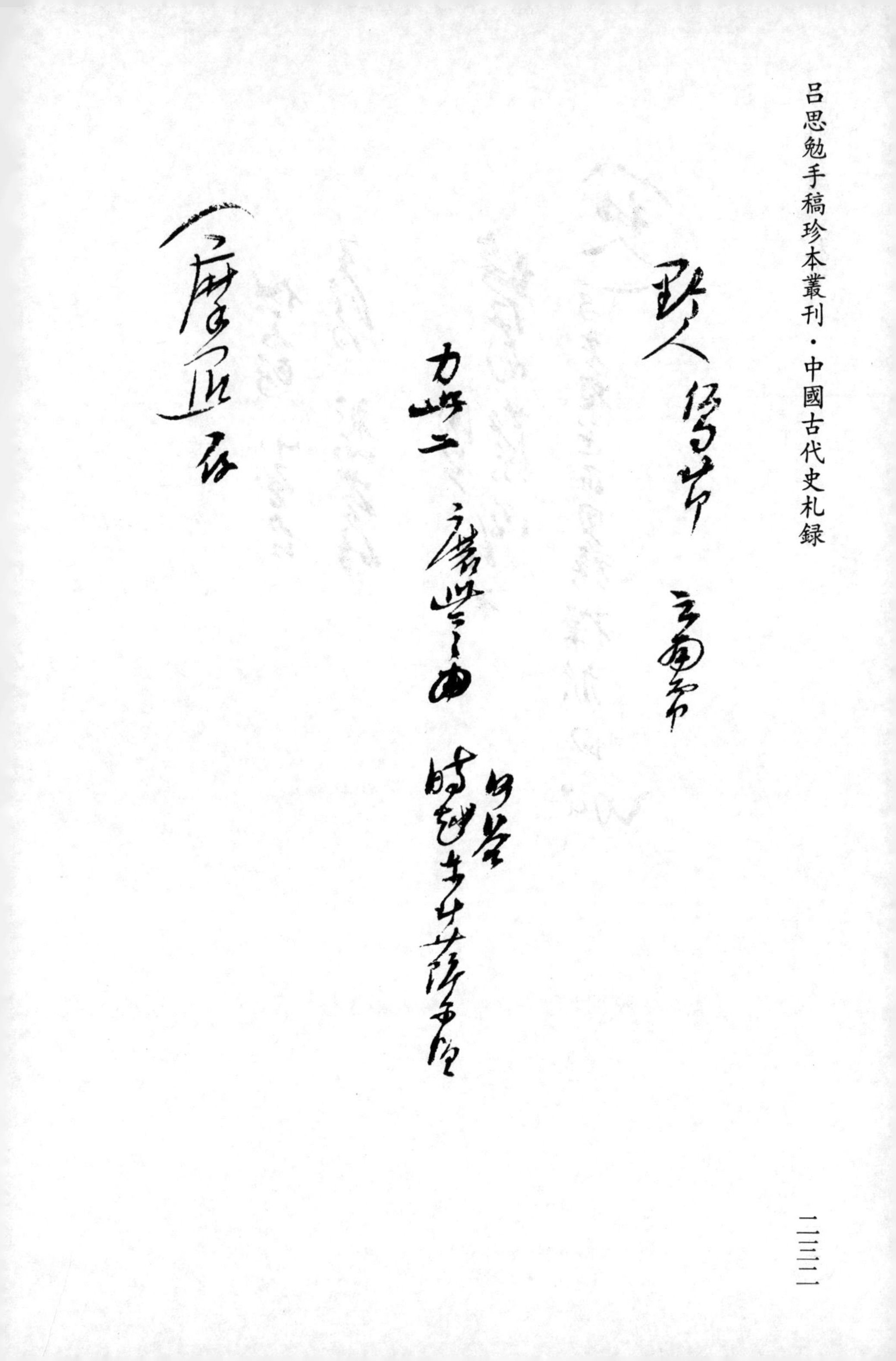

野人修節　之南節

力此二　之唐此之由　時越生此莽陸年[illegible]

〔廣通　存

敬啟者久未奉[illegible][illegible]甚為念
手崖
信悉何
即請一閱擲下
與英總一並附即頌
即撰祺
（[illegible]）（撰）（台）李[illegible]雨[illegible]頓
Pai-n

本西雲無此附也

山谷梅郎—Melan 我移阿儸

Anony

懸子—無名—無人

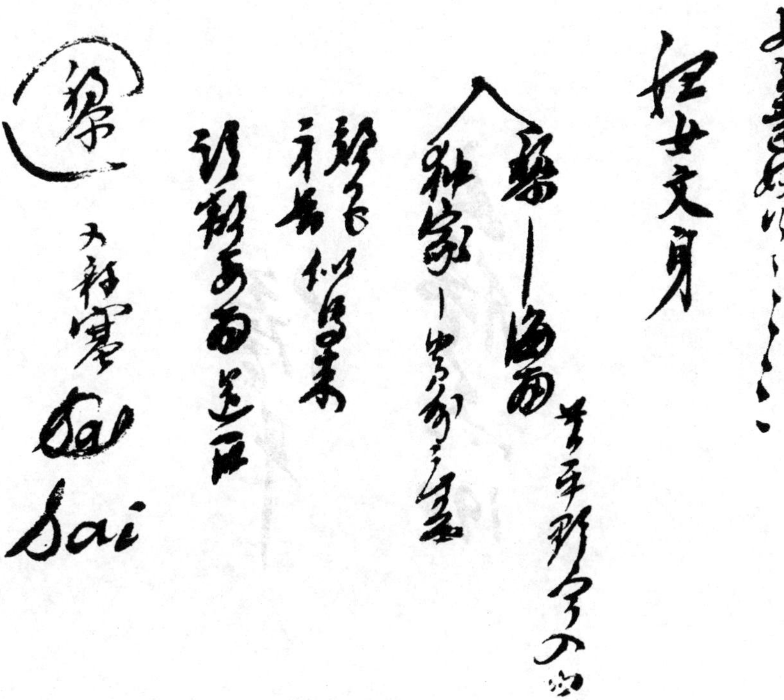

儋耳

人種志 190

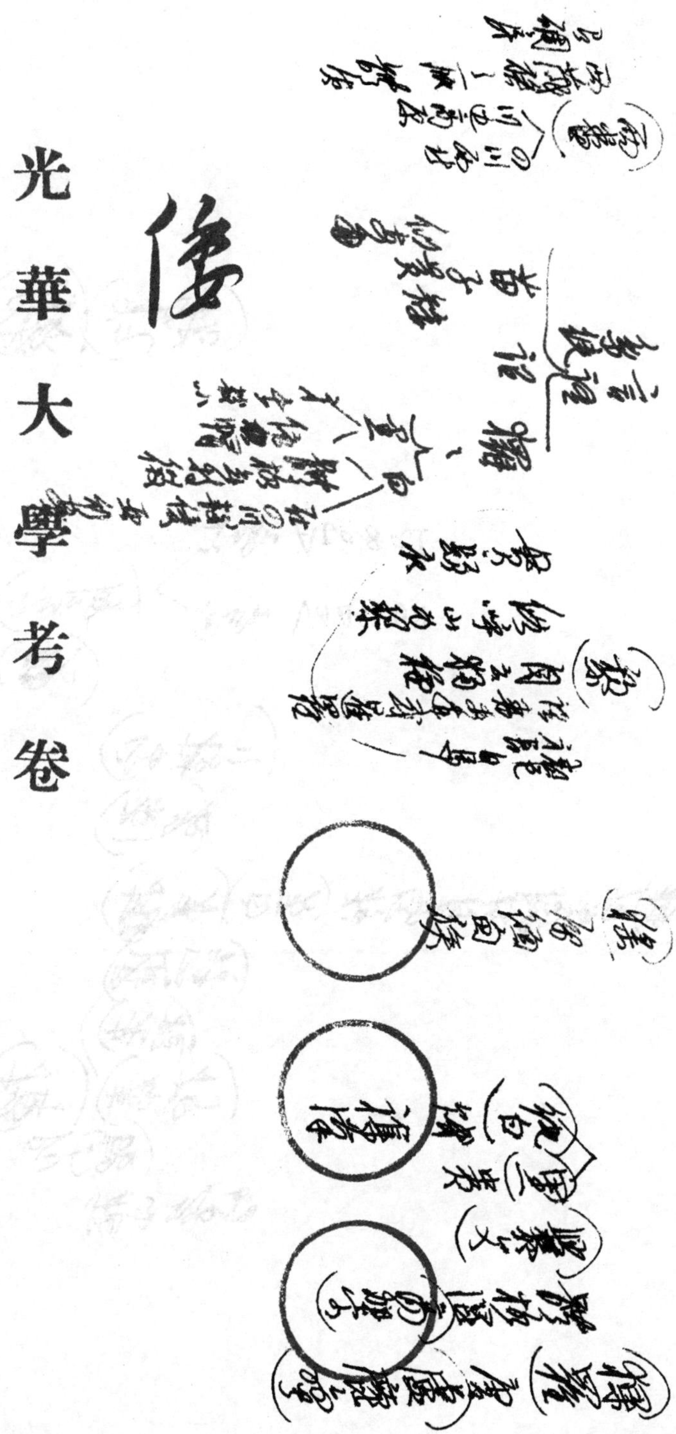
光華大學考卷

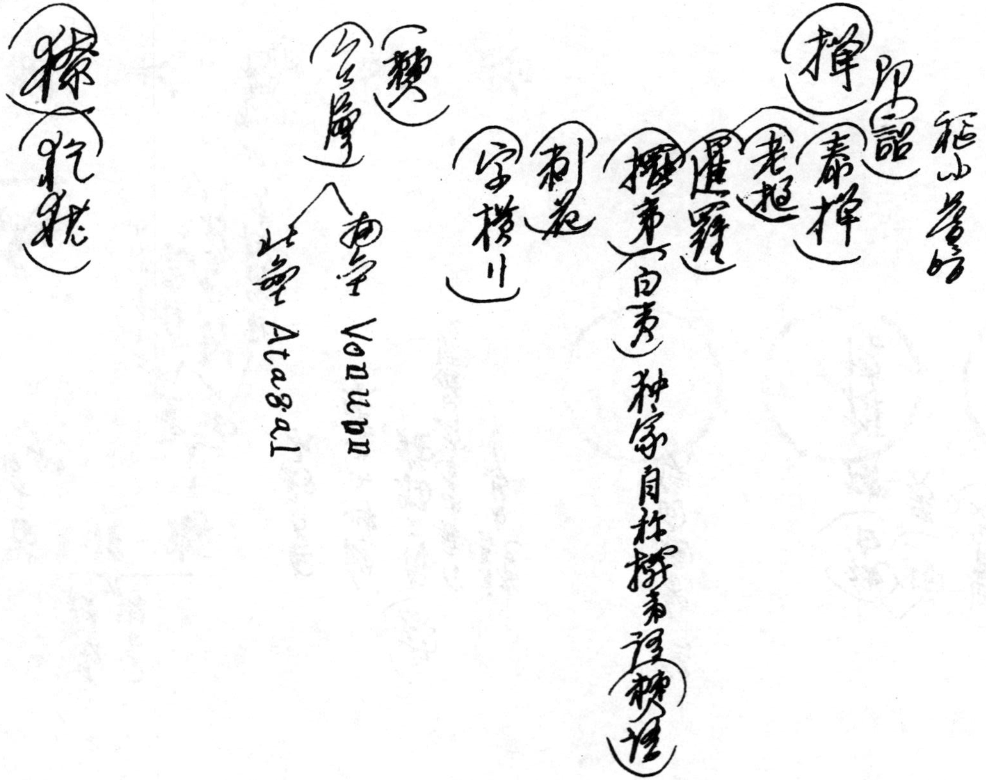
Atagal

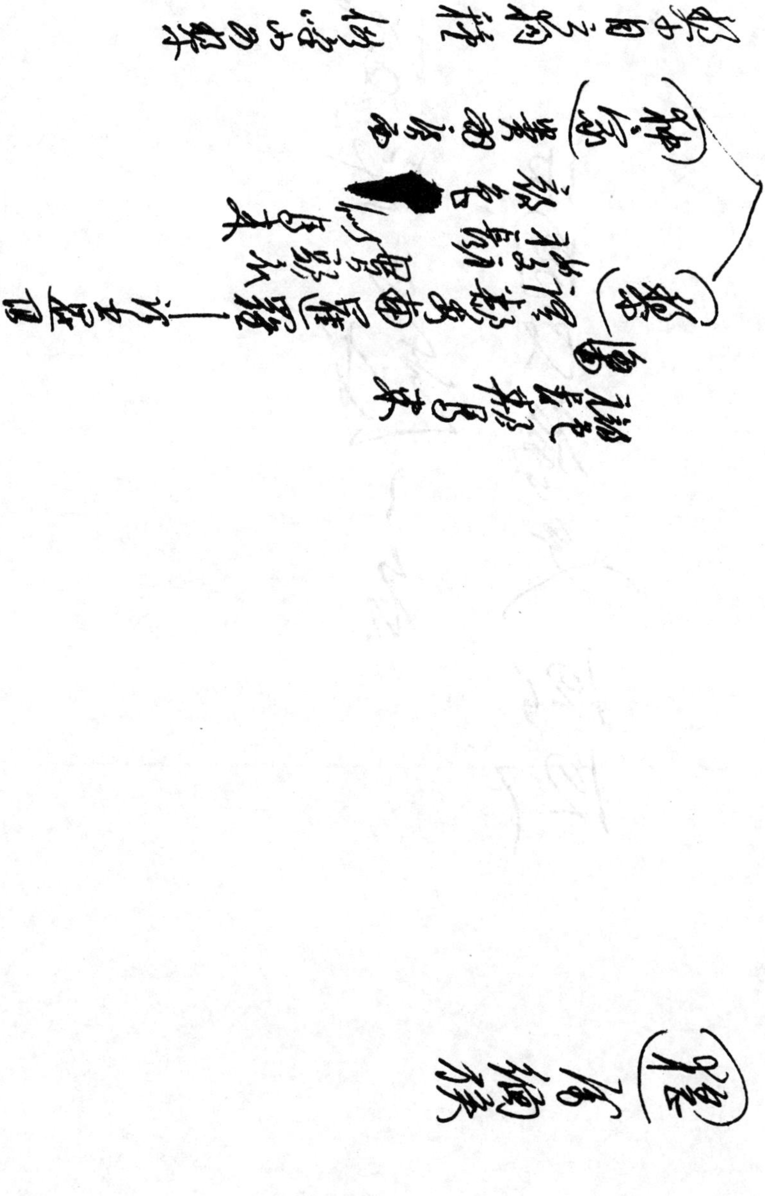

四弟

隨此函達〃兄

中國民族史

126

127

（弟）建功頃與發傳憶大法學類書此課業得

陳繼儒見可考一書頗詳得知但清楚全存

陳眉公集中

撩

唐宋之時代中西通商史 一三九乃八

月氏逐塞種居伊犁自疏勒

據漢書罽賓與月氏相鄰 不於其時奪月氏地（四本）（國志卅卷）

塞種分散為數國——若罽賓等為休循捐毒之屬

大夏南戍之高附布亦 今喀

前漢中葉罽賓強 略印度取旁遮普為印度河下流握西北

西印

東漢中年貴月氏興 月支高附翕侯（一作貴霜和[illegible]二）紙之第[illegible]

稍入大夏健陀

貴霜翖侯丘就卻滅四翖侯

侵安息

耶高附

濮達罽賓

年八十餘死子閻膏珍立

侵印度

并盛此西印置將一人監領之（原誤將）

迦膩色迦與閻膏珍之系不知

年代不確定

西至喀布爾東盡恆拉南至溫地拉

以上大月氏之疆域稱西元第一世紀 後漢平帝元始元至和帝永元十二

月氏衰不振

（孝武帝太元十九）薩珊羅笈多興代笈多逐月氏境外

波斯薩山朝代安息攷

月氏益弱

嚈噠破月氏事在西元五世紀中葉元嘉

據西河

破笈多降西北印

併波斯〻〻納職都和西元五六世紀間時于闐共屬立

嚈噠〻亡約在西五六〇左右 陳文帝天嘉元

西五三〇間曹國又 北印烏萇興

越日王驅嚈噠

波斯王好共而亮 五三一至五七九 與突厥東西夾攻

趙國珍

牂柯蠻部 115

金垂義

新羅人以賓貢擢第有理見新唐書

要付

四齋

元平方程

中國民族史下 278

地

八莫即蠻莫亦即新街

永曆帝奔緬於此舍陸登舟

漢晉閩中建置考

中央研究院歷史語言研究所集刊第

五本第一分

西蜀乃名芭苴　漢代殆多此等　歷史上之遺稱

中國民族史下180

歷些　已亦字　祝融　明時木氏　據土 180 181

古宗〈歷些之古宗　吳古宗〉　歷些在西藏者曰古宗不明其故曰巴

苴 181—183

妞子　女子　歎飄栗粟 183 184

梂子　披髮　近[illegible]人曰歎那人即狄犍 184

猺之原 盤瓠 中國民族史下 223 227 230 有書 227 五色衣 229

會猺一名[?]有姓 四姓 祝狗王 [?]徙之由 233 238

開

苗字之始 198 歲首祭盤瓠 208 花苗男[?]秋六月歲首 209

[?]苗男[?]苗[?]腦後髮[?]為 210 九

服 黃苗黑苗數 212 210 黑苗以十月為歲首 211

紅苗白苗衣

為苗之大別 以衣色為名 213 黃苗地理 214 [?]

板 214 耳飾古大 216 圍裙 216 217 椎結（[?]）衫[?]

麼[?]那 219 語言 219 為雲南苗種[?]雲南人 215 218 219

の南

猓羅即唐盧鹿蠻之時稱羅羅 馬哥博羅游記

祿多羅自稱羅蘇或耶蘇 倮猓与高加索

附見中國民族史250 見爨文251 黑爨黄種從何定

「倮猓漢引251—253 爨氏非為漢人246 烏蒙考

即烏蠻248

栗粟 語似羅羅年文254

羅婺 語似羅羅255

窩尼即和泥蠻支派見驃人255

の裔

黎自云狗種 中國民族史135 又云卵生134—135 似呼山为黎130

蛋人原起138—144

楚吴越状似 後音譯99 100 越譯114

對發文才112 113 117 李澤譯出彝族116 128 黎文方133—136 138

治東治在浙江119

馮子材平黎后治黎之法132

黎男頭狀133 136

魚皮鞋子野面214

四裔

山閩民

族迪緬

南甘

阿昌

喇穰

烏喇

阿槊即倮通

喀欽即蒲蠻野人

近高加索 有類野似

純

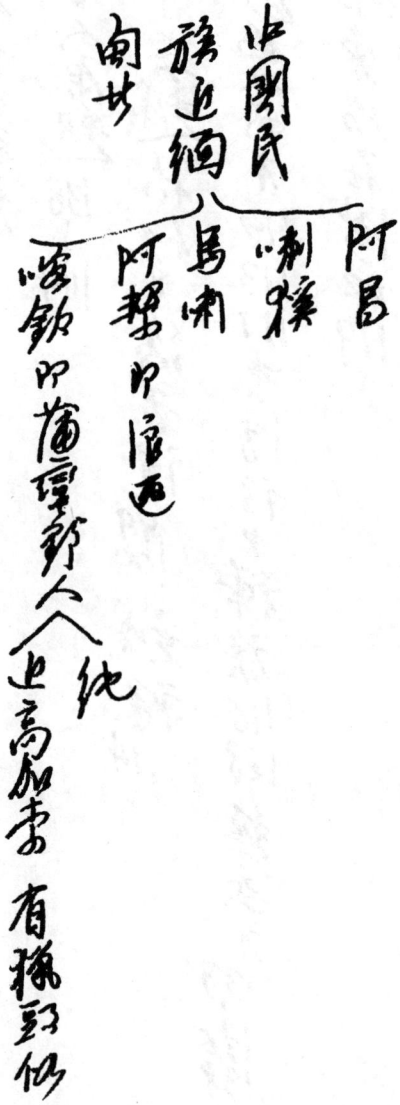

〇裔

撣 語多有譯 已見字

泰撣 老撾 暹羅 撣弟（巴弟 蒲甘）281 剌花 282 284 字

撣以爲以爲緬文甘僕 282 284

仲家 自稱撣弟 譯撣語 286 撣語 286 撣人 286

水家

犆 多有近撣 286

犵 撣人

猓（猓狸遝）猓貴同嫂 花面 271 撣人 288 團椓 288 蒿髮 286

台苗

金齒 漆齒 繡面 花脚 花面 268

日處一南

趙獻辟角家齒韓魏

此經日此經の九

駕馭土官

舊唐書王方慶傳則天臨朝拜廣州都督……

管內諸州首領舊多貪縱百姓有詣府稱冤者府

官以先受首領參餉未嘗鞫問方慶乃集止府寮

絕其交往首領縱暴者悉繩之由是境內清肅

事參看張柬之傳請罷姚州之奏 卷九十一

又鄭惟忠傳時議請禁嶺南首領家畜兵器以惟忠言而止 中宗

後任

改

周書探

(十五)2上(廿六)3下(四三)1上2上4上6上(卅九)3下(四四)1上2下

隋書探

(四九)9下(四五)7上(四六)5下(四七)4下(四八)4下考(五十)4上(六十)6上

(六二)2上下(六三)6上(七五)3上

隨書南蠻傳　南蠻雜類與華人錯居曰蜒曰獽曰俚曰獠曰㐌　俱無君長隨山洞而居古先所謂百越是也其俗斷髮文身好相攻討浸以微弱稍属於中國皆列為郡縣同之齊人不復詳載

隨唐閒南蠻

馮盎據高羅 升 傳見 七

楊世略據循潮 武德の年の見新书

俚首 冉安昌據巴東 の降紀

寧長真據鬱林 正

花

馮盎侍降、以高祖析為高羅平白崖儋林振以州

新疆發見三種言語与玄奘西域記所記合

中國考古學小史 廿二頁

西夏語

同上 33頁

辮髮

新唐書（卅）1上（卅七）8上（五六）2上（卅三）1下（卅九）1上

崔蒙（四）1上（六下）1上

舊五代（九三）1上

稽文

（舊五代史）（四之）張上（五十三下（五十二）張下（五十八）張上

（遼）張上止

丁零

涼武昭王傳：遣沙門法泉間行奉表，「西招城郭之兵，北引丁零之衆，冀憑國威，席卷日隴，揭旌

秦川

慕容儁載記：升平元年，「遣其撫軍慕容垂、中軍慕容虔與護軍平熙等，率步騎八萬討丁零敕勒于塞北，大破之，俘斬十餘萬級，獲馬十三萬匹，牛羊億餘萬。」

（同上）慕容暐載記：遣傅顏、呂護率衆據河陰」，顏北襲敕勒，大獲而歸。

其北未詳何在，中國何節所係。

劉衛翁子爲丁零中郎將（見）

翟遼

見晉書載記太元八至十八年　桓彝（74·4上）謝玄（79上）

朱序（81·11上下）劉牢之傳（84·3下）

苻堅載記下一零　翟斌（113下）114·5下下　慕容垂載記

（123·二下至五下）慕容寶載記124·一下至二下　三下

石勒載記下　時大蝗中山常山尤甚　丁零翟鼠叛勒攻中山常山　勒率騎討之獲其母妻而還　鼠保於胥關遂奔代郡

丁零破鄯善

齊書芮芮傳先是，（承虜之文，作芮芮）益州刺史劉悛遣使江景玄使丁零，宣國威德。道經鄯善、于闐，鄯善爲丁零所破，人民散盡。于闐尤信佛法。丁零僭稱天子，勞接景玄使反命。

劉悛爲益州刺史，據武帝紀，本在永明九年正月，至十一年二月，以王文和刺益。

貪汗山

魏書高昌傳北有赤石山七十里有貪汗山夏有積雪此山北鐵勒界也

丁零

魏書(二)11上 7下 9上 (三)4上下 (四上)3上 1上下 (下)4下 (五)2下 (十四)2下 (廿六)1下 (廿八)2上

(卌)2下 10上 (卌二)11上 (卌三)3下 15下 6上 (四六)1下 (五二)1上下 (五三)1上

(九五)11上下 16下

北史(廿)9下 (卌七)1上下 2下 3上

高車勅勒

（魏書）（二）7下8上（三）2上—3上4下6上—7下8下9下（三）4上（四上）1上下3下5上下8上

（一）3下（六）3上（七上）1上下（十）10上11上（八）7上8下9上（九）1上（逢槃）3下6上

10上下（十二）2上4上（十五）6下（十六）6下（十五上）4上（十）4下（廿六）3下（卅）8下

（廿八）3下4上下（卅）3上（卅二）5上下6上（四十）1上（四二）2上（四四）7上9上 [redacted]

周書（十五）三下の上（卅五）三上

那（十七）4下（廿三）8上 考（四七）2下（五九）4上（七九）1下 隋書（八二）2上

[redacted] 傳胄見北齊書廿二五上 其高祖倍侯利魏道武時內附

北齊書斛律金 朔州勅勒部人 斛律羌舉太安人世為

部落酋長 父謹為魏武川鎮將 [redacted] 羌舉從尒朱兆入洛

阿至羅

北齊書（三）7下11上　北史（五）5上6上11上（六）5上8下

突厥

北齊書（四）6上—7下（七）2上下（八）1下2上4上下（十二）1下（十四）2下孝

（十七）4下（廿）2上（四十二）2上3下

周書（四）2上3上（五）1上下3上4下—5下6下8上孝（五十）5上7上（五十七）1下2上3上4上

（八）1下（九）1下（十二）2下4下（十九）7上下（五十二）2下（五十七）7上（五十八）2上

（卅）3上（卅三）1上—2上3下5下（四十）3下　突厥請於周殺元雄

見隋書蘇威傳（四十三下）

補

舊唐書渾瑊傳：本皋蘭州人也，本鐵勒九姓部落渾也，世為皋蘭州都督

之渾部也。高祖大俟利發渾阿貪支，貞觀中

為皋蘭州刺史。曾祖元慶，祖大壽，父釋之，

皆代為皋蘭州都督……

葛邏祿

新紀開元三年月庚申突厥部三姓葛邏祿來附

天寶十二載葛邏祿可汗執阿布思

黠戛斯攻安西北庭

後回鶻曾出征確否待考見舊李德裕傳（卷一七四）

靜甫

廣方言館關係陰使從子悅諷約將使 指 靜甫

請承關為師 東此有見庸者之舉數

經也

~~[illegible]城（[illegible]）~~

[illegible]與葉（38）、金蒲[illegible]（40）

~~[illegible]（[illegible]）~~

大斗拔谷（44）

~~[illegible]（45）~~

延芬莫嫈城（51）

怛篤城、悒怛城（55）

金牙山 54

勃國 56

~~[illegible] 59~~

~~[illegible] 59~~

俱蘭城 63

輪台（88）

十戈紫毫蘇詩兄西窗廊史林說

计卜收

西突厥
史料

唐西州 吐魯番西20雅尔

（安西都護）後高昌 喀喇和卓（61）

後為其 庫車

[illegible]

[illegible]

[illegible] 阿克蘇 [illegible]

[illegible]

（清池）即（熱海）80 [illegible]

碎葉（川）吹河 凌安（16）

[illegible] 白山（[illegible]）

[illegible]

[illegible]

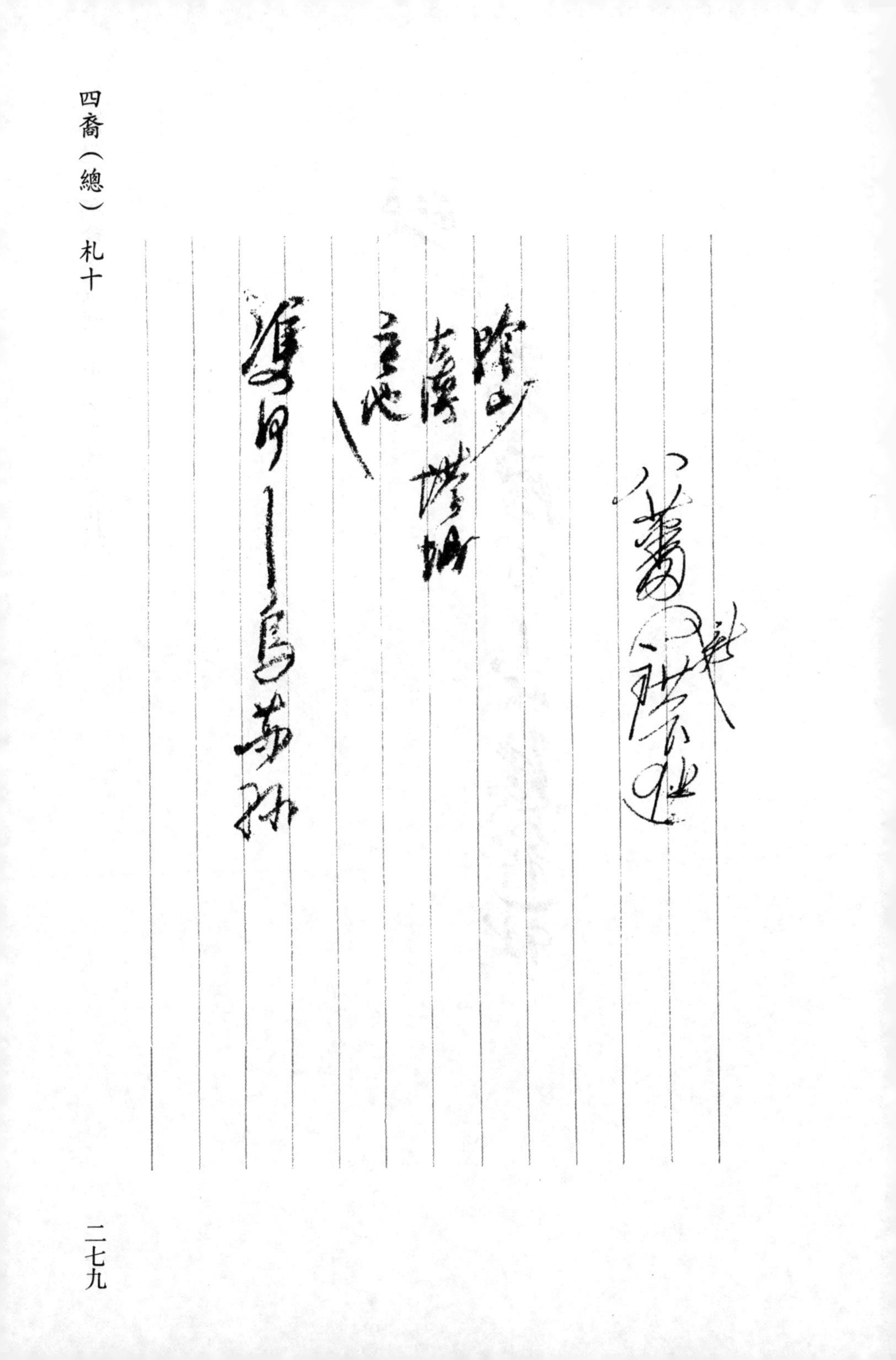

八壽[illegible] 禧祉

晤山大兄撰安

垂念

侄印昌萬拜

四 羈縻州之狀態遷化

應安

祝萬期以

史料

169

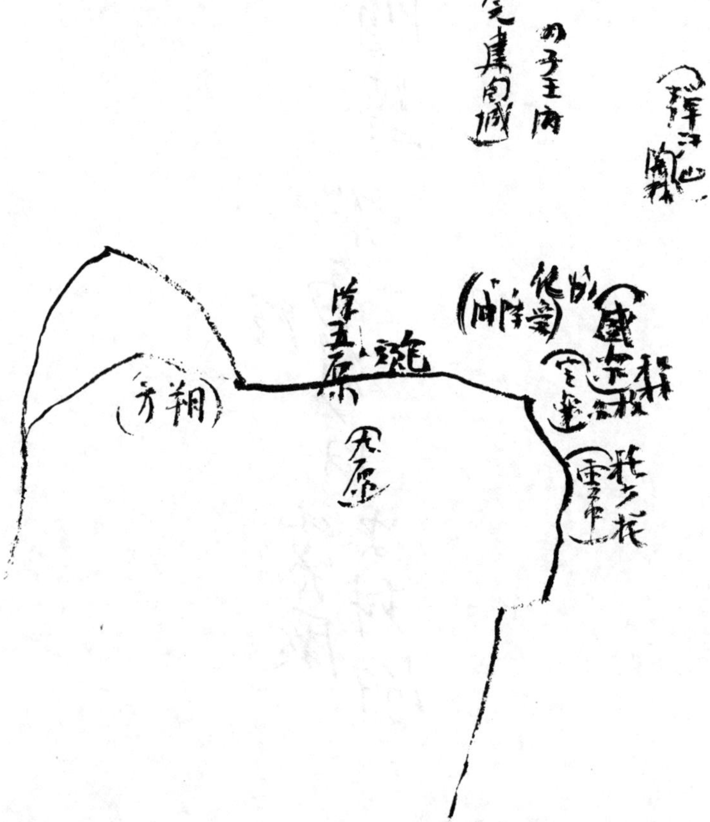

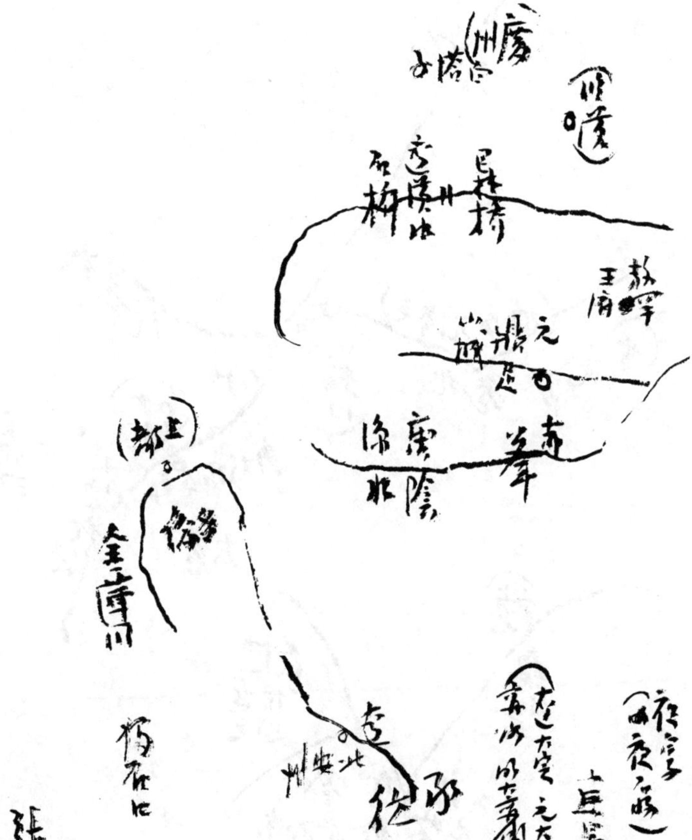

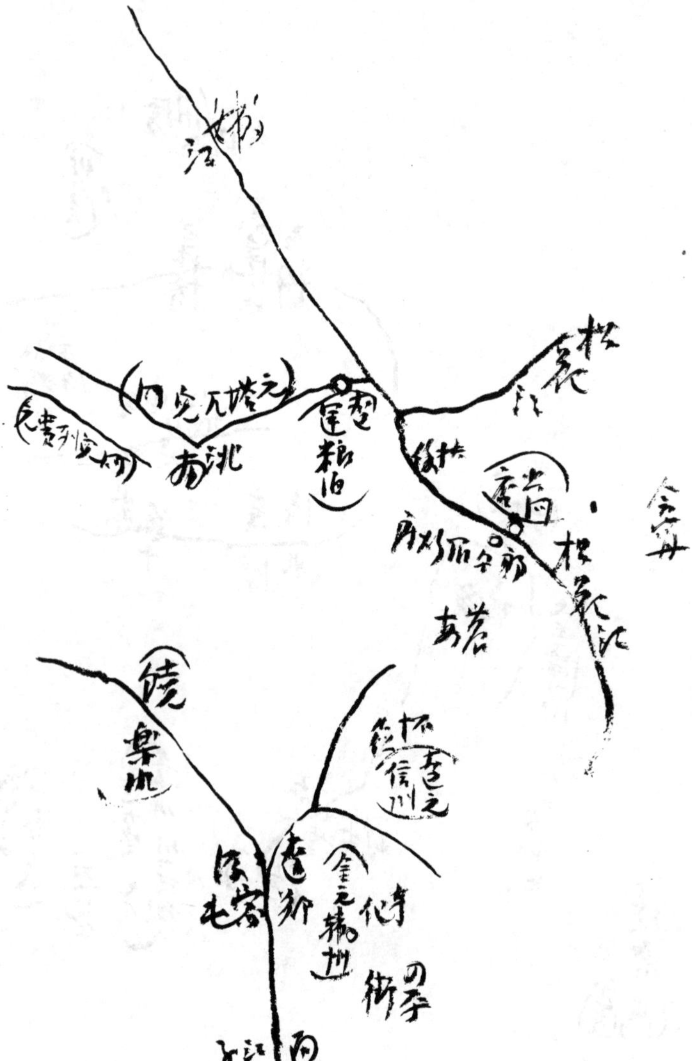

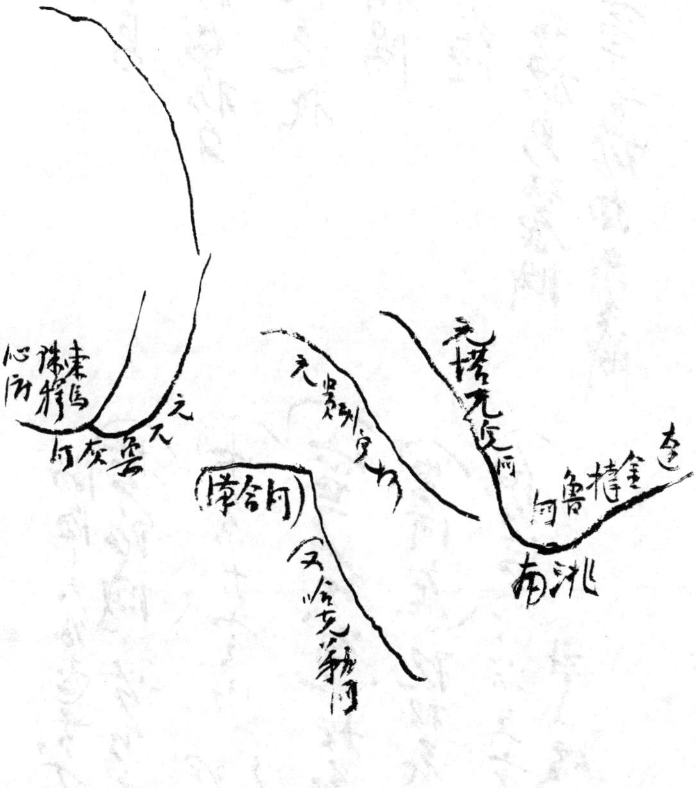

（遼）陽府

（定襄）和林格爾

（雲中）托克托

（龍城）朝陽

（榆林）綏遠

（臨潢）巴林旗波羅城

（忽汗城）寧古塔如東京城

渤海、大氏遼黃氏全狀考

（扶餘城）農安

（中京大定府）現喀喇沁右寧城縣

（寧江州）松花江畔石頭城子

（出河店）現松花江畔陳家城子

（會寧）今濱江賓東南阿勒楚喀

（平切松林）賀河上流一帶
當語アダニカラムト
（托多奧多隆）達里泊西南岸
名アシンガルト
（火山）朔平東北大海之南
（固子）多倫西北宋蘇南藏
（應昌）多倫北達里泊西
西蒙伊特號五六廟

（庫庫和屯）亦（今平都古西受降城）
依蒙古語
今為歸化城亦名
ククホトン
（九原）河套九原附近
（五原）烏喇忒
（彈汗山）今陶林縣之北
（野狐嶺）一名樞寬嘴營名
クチケニタバ左近
當今張北面通往其邪穴別名
洋鐸爾嶺 山

西庫備用缺字備紀 松

東庫備用[illegible]英[illegible]並庫備[illegible]

庫倫俄領事ハルガ

蒙古地名考譯

(オーラ)山
(汗)君主帝
(胡都克)高井
(ダバ)山峠
(哈達)岩山
(秋林)狹隘

(鄂博)堆土石標柱祀靈之壇也
(マンハ)山
(チヨロン)石
(達賴)爲海
(烏蘭)爲赤
(伊克)大

(バガ)小
(トムド)中
(タタラ)內
(アル)北
(恪克圖)坂嶺
(徊)東

巴倫西

オルタ上布

亨都亞井

大オルソ[illegible]州

馬蘇泥

舍蘇什於之邊

馬刺安真語川

香論太高源

茉勒中路川

諾東州

哥夕州

シヤボル及胡須城与凹坳

ホクラ ラー 平野

舍林蔭

エラスアイラ林

（求卜之）將

（川不山山）寺

（晤）廟

之峻老同門道席庚侍東南睽別各寫上扇

段魏栗班遂支各侍

之閩在遂納久矣嗚侍何仕

之札制馬皂嗚倫

洮南 一名雙流街茅土 光卅設府

洮安 舊（靖安）一名白塔子 光卅設縣

安廣 舊（醴泉）光卅設縣

開通 一名七井子 光卅設縣

扎薩克圖郡王旗 下旗 下南 寬廣東北300 洮兒河流域

共約1500方里 洮南 洮安 開通 計約皆其地也

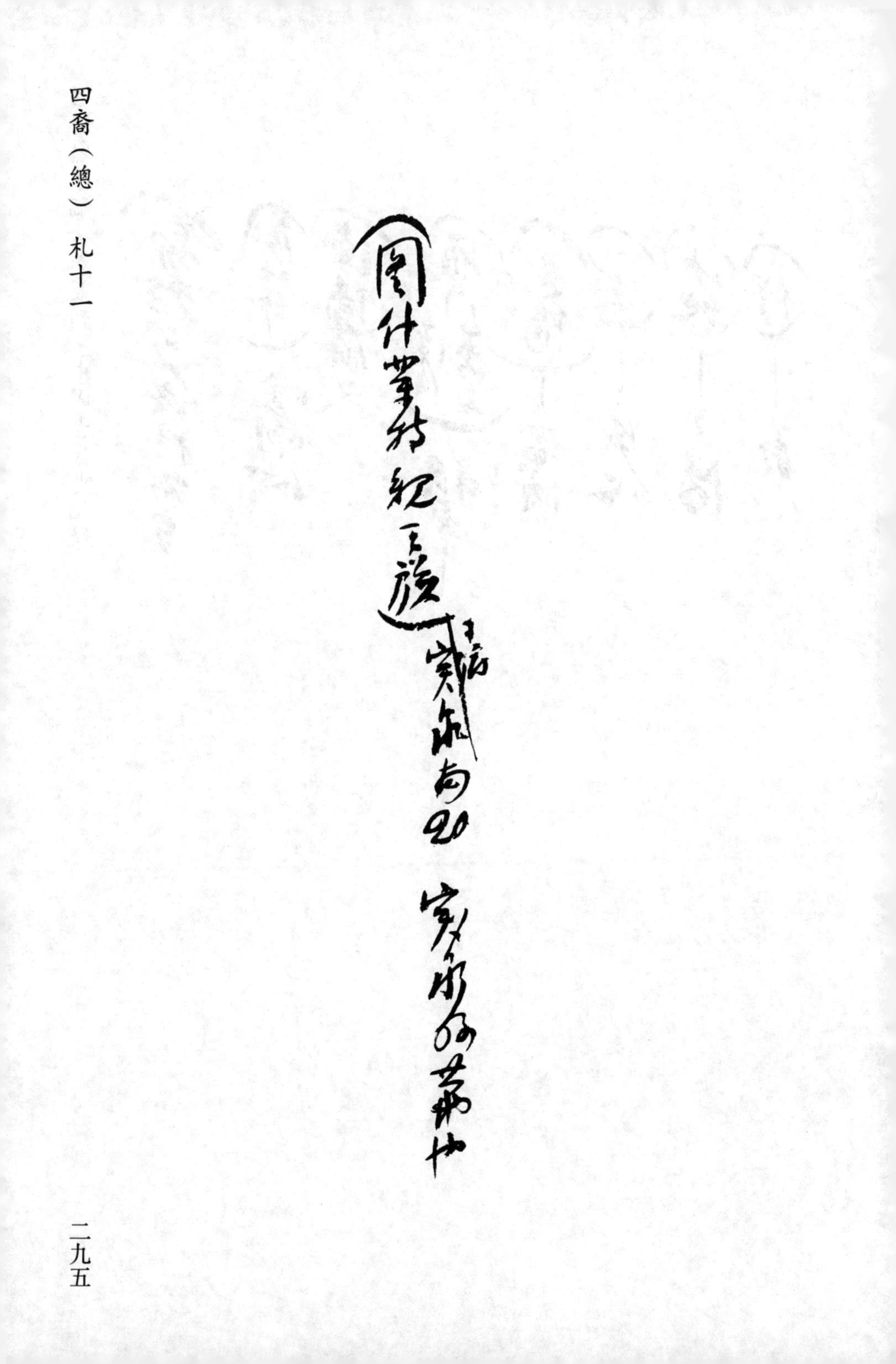

（[illegible]紀[illegible]）[illegible]20

[illegible]的[illegible]

（太郡狼孟）楷梗楊邑

（右北平）咳剌心

（陰陽）頒父

（雁門善無汪陶）雜平

（岢陽）—高城

（三平）—陽仁

（北地）—弋陽

（代）—蔚

以謝厚意（胜仙）

の兵御史（鶴邨）

五經掃地（琅邨）

當郡 承禾府附近 疑在平[illegible]

西陵郡 [illegible] 廣[illegible] 以為信甚

[illegible]郡 [illegible] 九[illegible]

華郡 東平平原 [illegible]郡左縣自衛郡[illegible]中 今山[illegible]有

[illegible]郡

[illegible]水郡 程鄉縣

安陸信 今[illegible]郡[illegible]

北海[illegible] [illegible]郡[illegible] 89 [illegible] 85

[illegible] 郡名

[illegible]

九[illegible] [illegible]

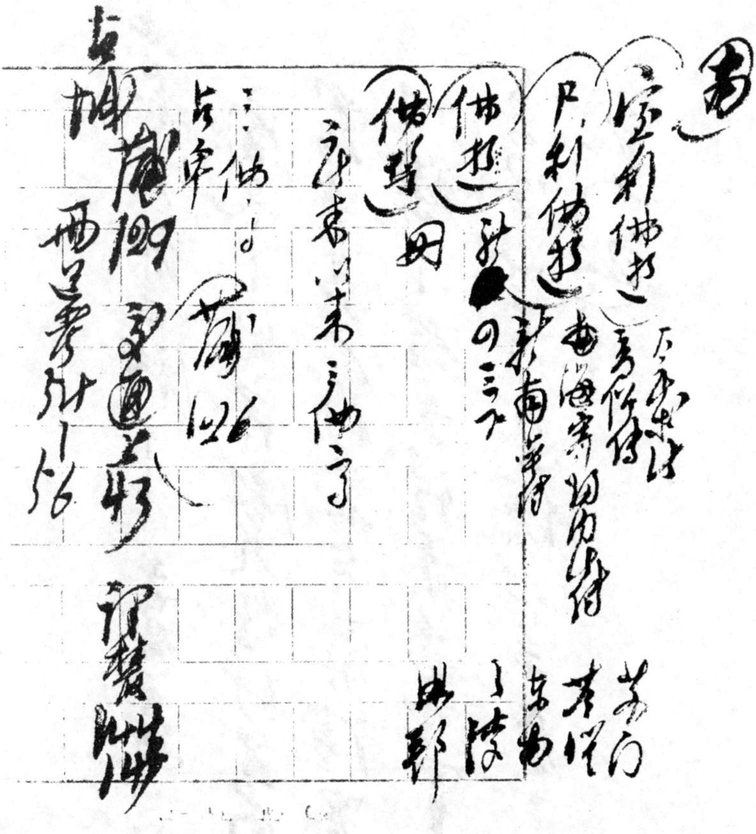

南

室利佛逝　[illegible]高僧傳　[illegible]

尸利佛逝　南海寄歸內法傳　[illegible]

新南蠻傳　[illegible]

佛逝　[illegible]　[illegible]

佛誓　[illegible]　[illegible]

[illegible]三佛齊

三佛齊　[illegible] 126

[illegible] 129　[illegible]

西洋番[illegible] 56

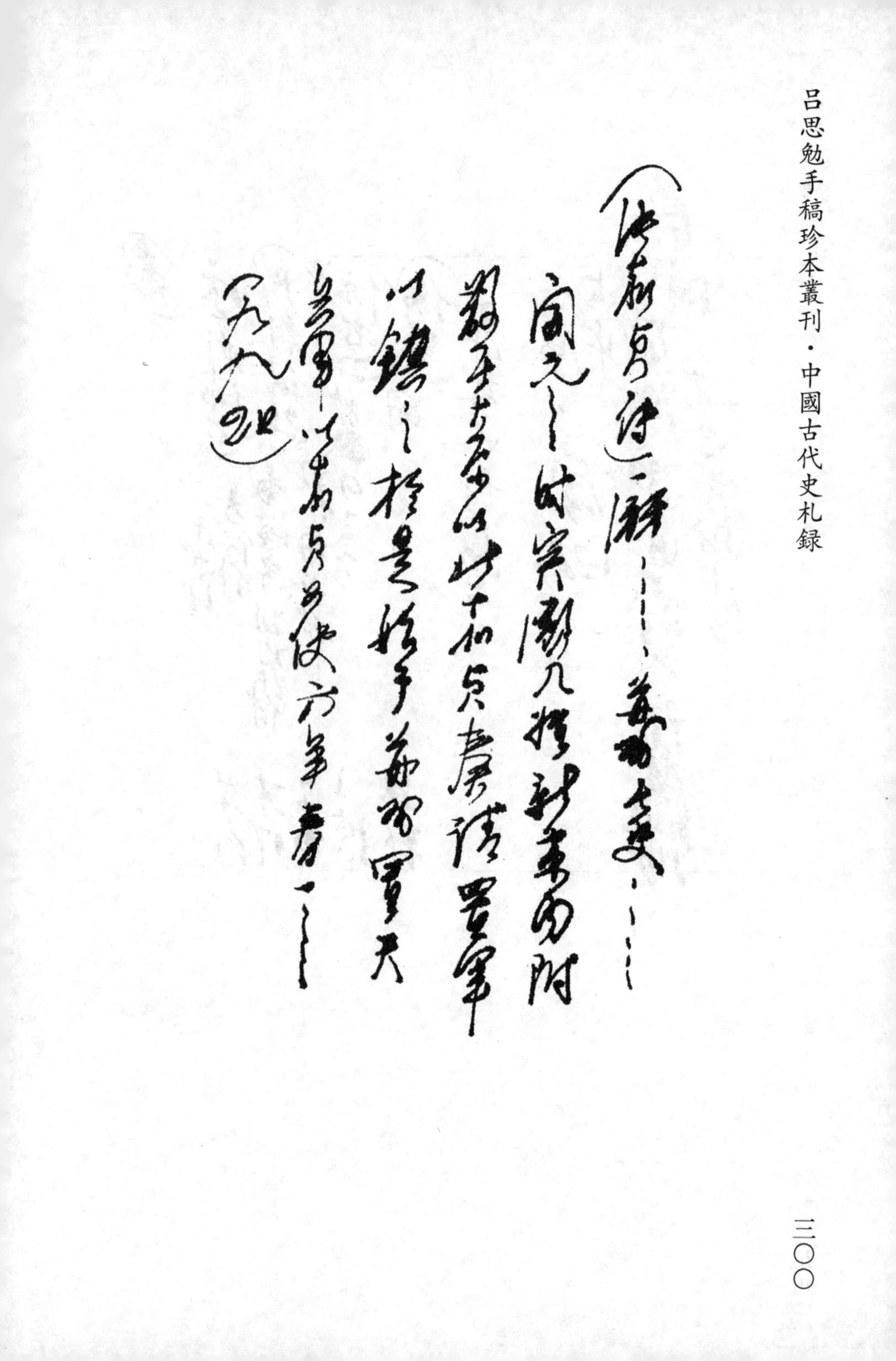

（後漢書傳）[illegible]〃〃〃[illegible]〃〃〃

閒之〃〃時[illegible]劉凡[illegible][illegible][illegible]附

鮮[illegible]大[illegible]所[illegible]十[illegible][illegible][illegible]諸[illegible]軍

以鐃〃〃[illegible][illegible][illegible][illegible][illegible][illegible]天

[illegible][illegible]〃[illegible][illegible][illegible][illegible][illegible]六年[illegible]〃〃

（五九[illegible]）

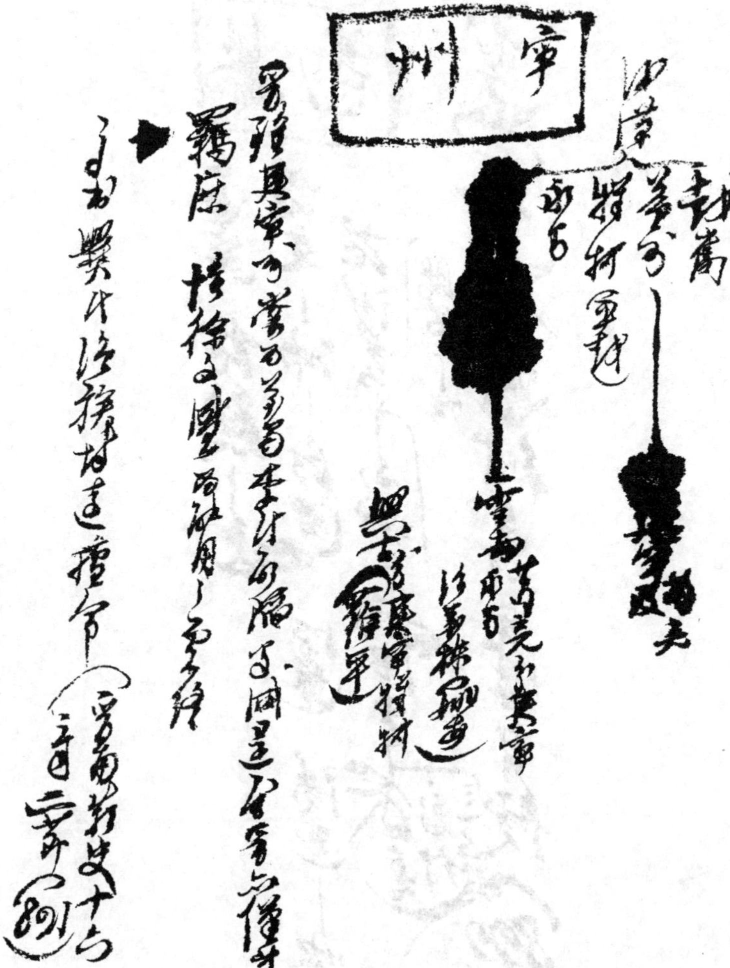
寧州

楚邑

一 西道 范然一老

范文一沛一邳道

范讲……一郡

陽邑一嵘

遷 陽邑一嵘

陽……

太倉……陽手

楚邑入歷七百通付……月録

（892）

林邑　柬埔寨

頓遜　答納思林利錫蘭那薩共，至元成六年生衆

毗騫　白古

第廿章　16

郍婆（闍婆）（斯調）　苏

訶羅陀　訶羅單　渡（闍婆洲）

婆皇

婆達

闍婆婆達（闍婆達）

盤盤

丹丹

干陀利　向の孝也　者士須南洋南

狼牙脩

婆利　婆羅別名　在南洋　婆羅島

投和　須南那域

二十六年の小节

扶南 更陽窠

彂达 笑似蹉利到旦一卯寒林

卧寒 白吉

訶羅陁 彩巴國

訶羅單 治闍婆州

闍婆國

盤皇國

盤達

大和我了

周青年了

（闍婆婆達）

（槃槃）[illegible]

（丹丹）

（干陀利）即[illegible]赤土 [illegible]南洋[illegible] 今[illegible]

[illegible]

[illegible]

（狼牙脩）

（婆利）即[illegible]南別名

（投和）（頓遜）湄南河流域

迦毗梨城

嘉維舍衛 水經注

同上佛國記 迦維羅衛

劫比羅伐窣堵 見西域記

蘇摩黎

斤陀利 似即干陀利

毗騫 本紀作毗騫 即今爪哇東Bali島

師子國 錫蘭

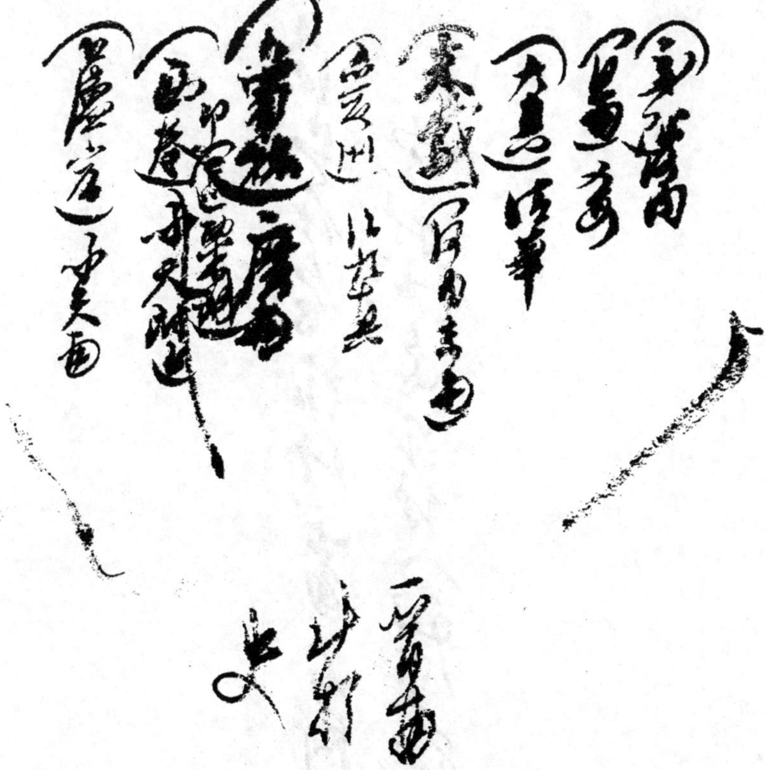

白山在黑水北蓋為阿羯田山中大山

見新書黑水傳（縣上84）

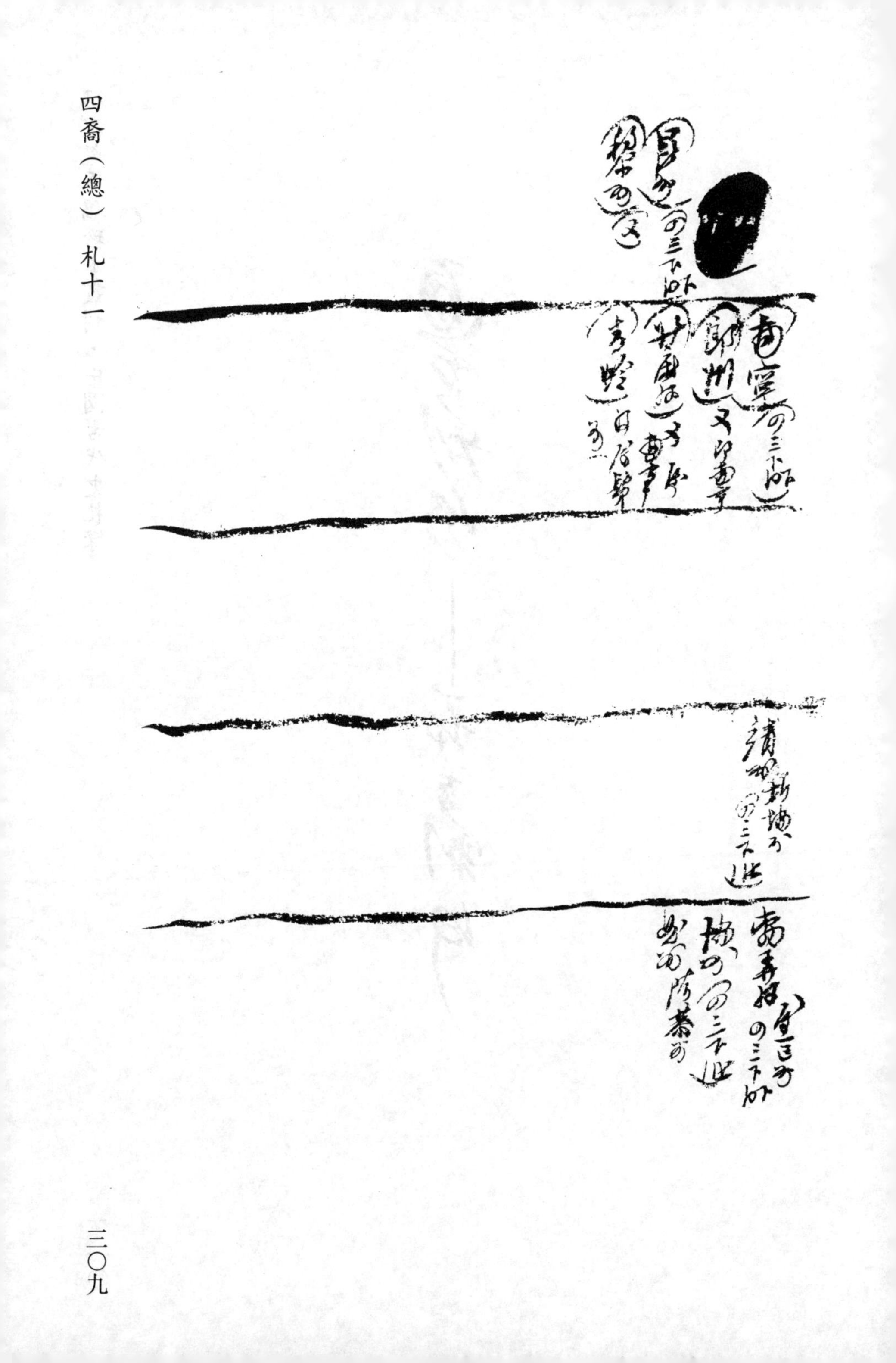

[illegible]

[illegible]

[illegible]

[illegible]

通史制例——節本制例

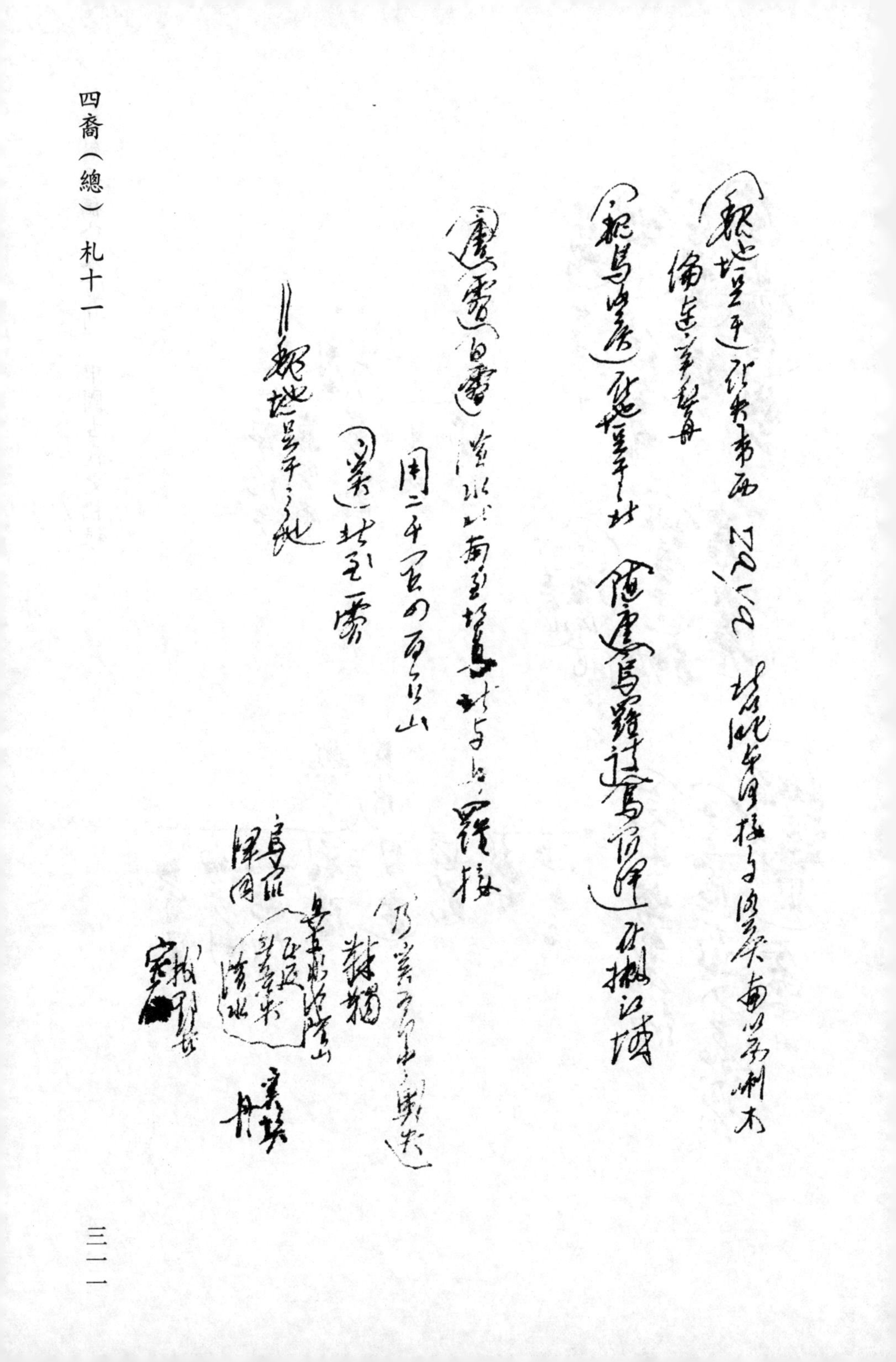

[illegible]

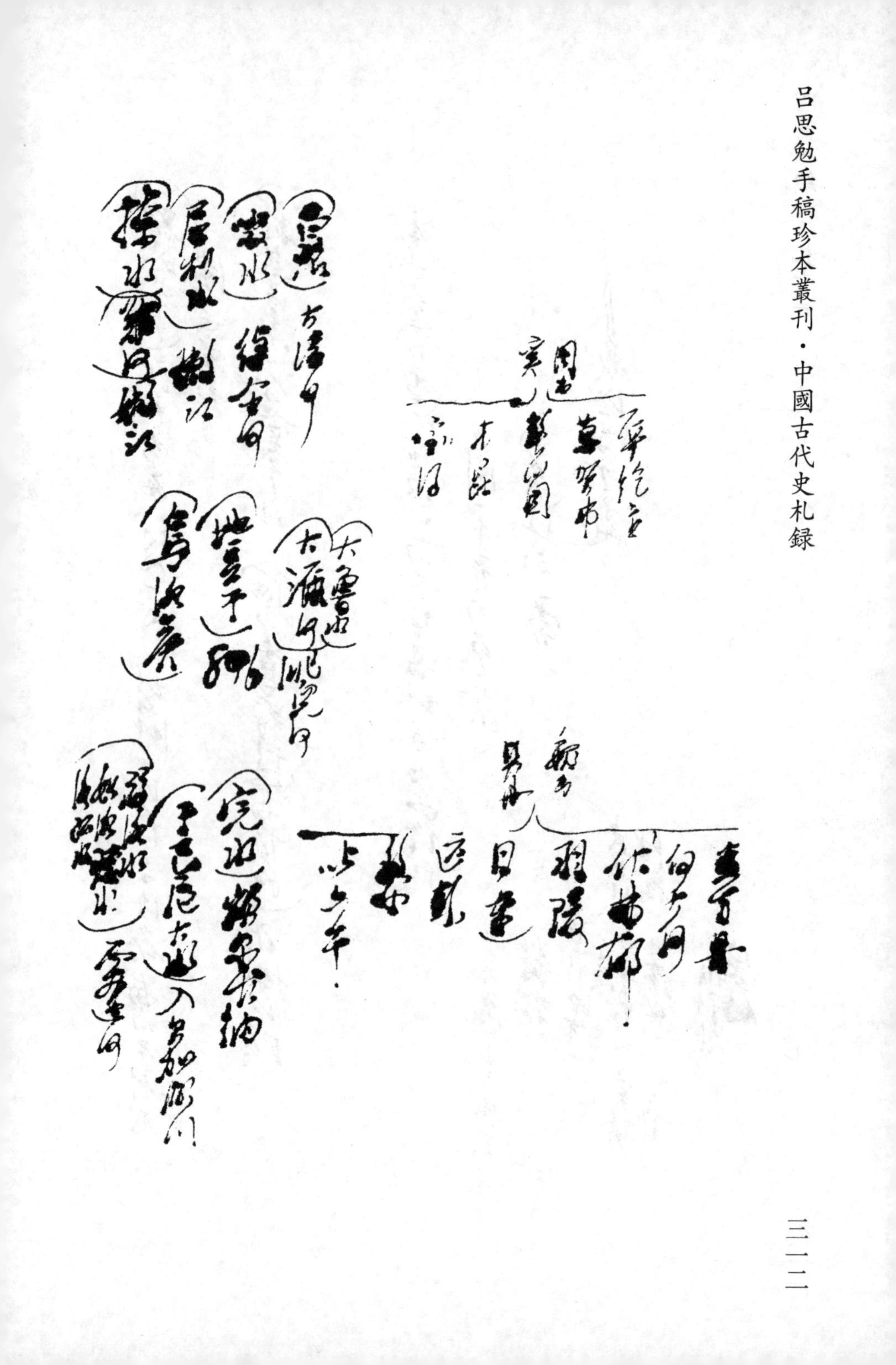

[illegible]

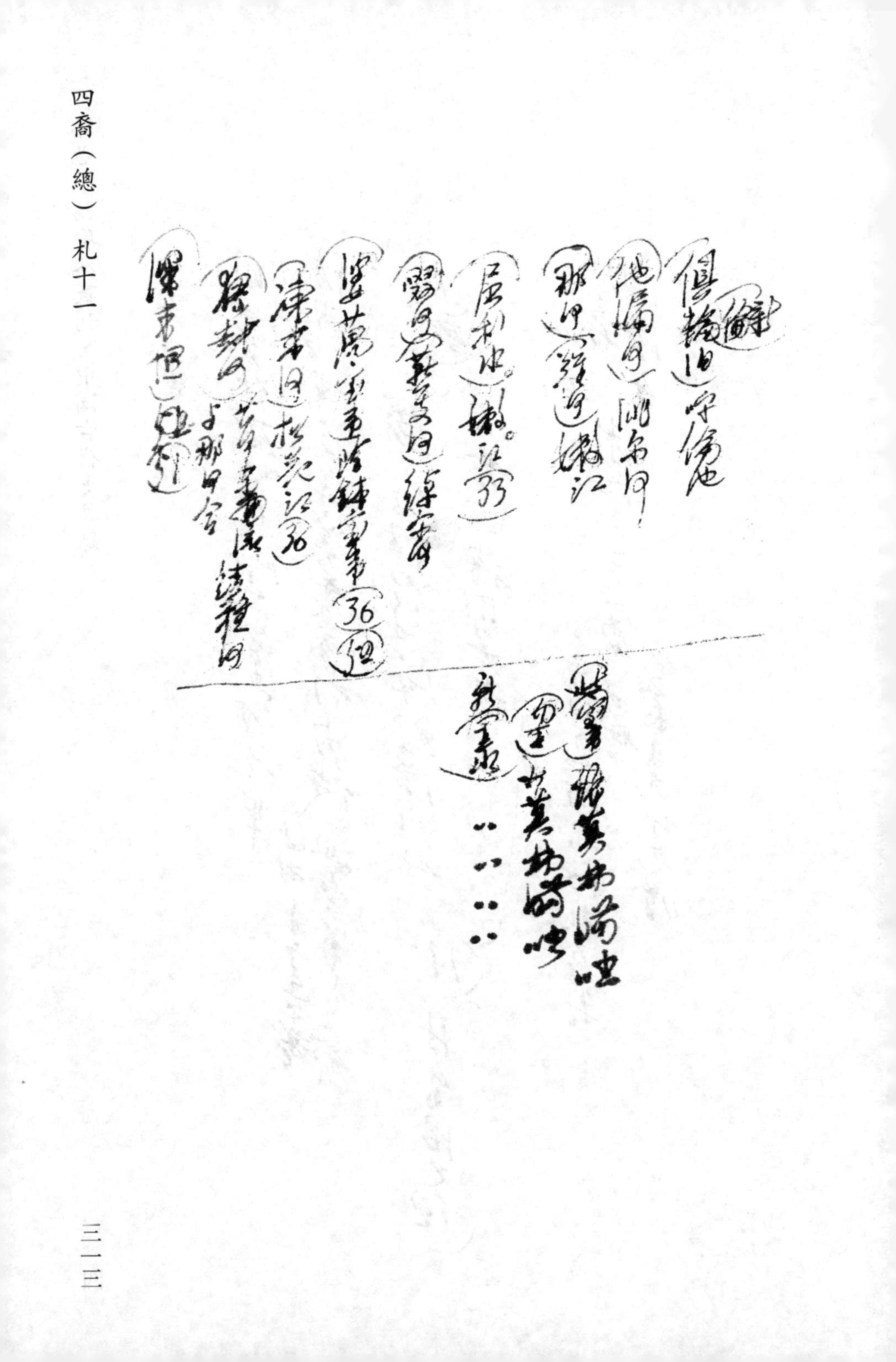

[illegible]

白霫之[illegible]以[illegible]附[illegible]軍 [illegible]霫

隋書[illegible]元年[illegible]霫[illegible]部[illegible]從 [illegible]霫

（兩書）霫 與蘇[illegible]降[illegible]此 （同）

八 白霫 [illegible]東系 新[illegible]之（但）

於魏 / 隋[illegible] 考地望[illegible]霫 東[illegible]阿[illegible]札魯特 正[illegible]中 西[illegible]什克騰

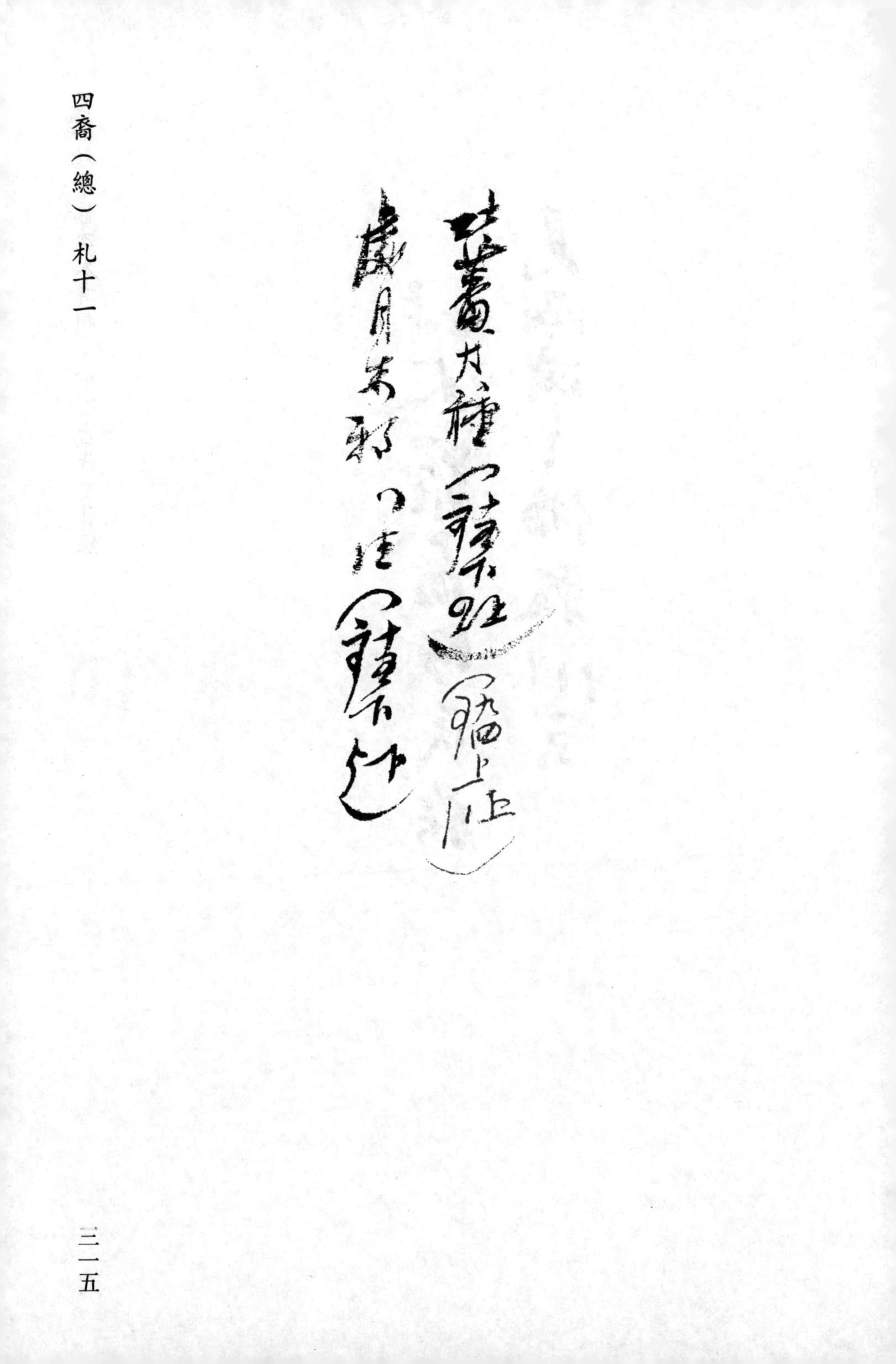

吐蕃大種（請下注）（騎上注）

歲月未移之逵（請下注）

吐火羅的民族

見西域之佛教〣頁

新
之書南之理傳（書詳之理）之說傳世
為華史記蒐羅最之其務不言如其似推
者不可以據人之（從二下從止）

沙陀

阿史那社尒擊處月處密平龜茲 紀貞觀廿二 本傳

又陸 楊暠傳

契苾何力討朱邪孤注 紀永徽三 張本傳（附）

程知節破預支俟斤 紀永徽七

沙陀粄殺楊志烈 紀永泰元年

沙陀

沙陀爲北方夷狄（舊五代史上）東夜人祀之宪……

柳城郡沙陀（舊……上）又（舊五代史下）

北番……沙陀部（舊七三李存信傳12下）（舊……61）

閻寶之殺……紀（舊五上14上、15上）（下21上下－8下）李存審傳（舊……）新（……2上）

沙陀八擭（紀五下9下）（舊六重徽傳9上）（舊……鄭從讜紀五下10上）

巢以沙陀寶……迎，洋……部，觀紀平麗……

及……以……石雄付……（七上……6上）……

沙陀

五代史唐本紀莊宗之其先本號朱耶蓋出於西
突厥至其後世別自號曰沙陀而以朱耶為姓
案沙陀自祖拔（即舊史唐書武皇紀之拔野）野古歐公以為不然見贊 云此
秋以沙陀為貴種見康福傳（卷四十六）舊史九十一
漢本紀云其先沙陀部人[redacted]參看慕容彥超傳
沙陀之狀深目虬鬚見舊史卷十九氏叔琮傳

薛延陀與處月處密

新唐書紀 貞觀二年 三月壬戌李靖爲關內道行軍大

總管以備薛延陀

二十二年八月辛未執失思力伐薛延陀餘[redacted]部於金山

九月庚辰崑丘道行軍總管阿史那社尒及薛

延陀餘部處月處密戰敗之

永徽二年十二月壬子處月朱邪孤注殺招慰使

單道惠叛附於賀魯

三年正月癸亥梁建方討伐賀魯及處月戰於牢山敗之

19

顯慶元年八月辛丑，程知節及賀魯部歌邏祿、處月戰於榆慕谷，敗之。

回鶻牙帳

新書地理甘州刪丹……居延海 又北三百里有花

門山堡又東北千里至回鶻牙帳

（商業）

西方多易以茶馬自太宗

回鶻使因難敵略來

二年四月辛未回鶻遣使貢方物

五年四月回鶻、、、遣使甘來

六年三月乙酉甘州回鶻來獻玉却之

秦鳳路經略言遣回鶻僕三馳往至其國僕己

到蕃部族、本戰無律馬茶令則知其生擾不

時給馬價三處一邊以便經略方其機知其生条

而內權之重悔後容之言知其所以不及

藥彥稠傳長興中為靜難軍節度使党項阿埋
屈悉保等族抄掠方渠邀殺回鶻使者明宗
遣彥稠與靈武康福會兵擊之、、、遣人上
捷明宗遣使皆盡誅党項雖在所利也凡
軍中所獲寶貨與士卒分之毋以進奉為名斂
軍吏也已而彥稠以党項所掠回鶻進奉玉兩

闐及遣奉金裝鞍轡等來獻頗富多之
此筆在長興三年見
請詹祠矣予先信闐矣以綿詹禍
東可見回鶻之來貿易市賣了寵之至
舊史紀不云進玉
付紀云居
複回鶻
一行貢駝馬
寶玉
使馳驛共不得之而傳矣

舊五代周廣順元年
二月回鶻來貢玉器及
金銀結縧寶裝牀
凡飲食之具數十
碎之于殿庭帝謂
侍臣曰凡為帝王安
用此詔諸所司凡珍
華悅目之物不得入
宮先是回鶻間
歲乃貢禁民不得
與蕃人市易寶
貨至是一聽私便
玉乃出不禁詰
回鶻使云緣是玉之
值十損七八顯德六年二月又遣使朝貢獻玉并碙砂等物皆不納所入馬量給價錢時世宗以

義見付存信列傳付氏其男君改回鶻西田畢史
之部分族初隨情化郡西季畢高附

孫籍寶手墨
劉用於回而
却之 覺頃
傳其在靈慶
之間此類花也
為道自何而
回鶻朝貢中
國道其部落所
邀劫之賴其使
共黨之代族以
為市馬

比筠傳 為錢晉出帝時以將軍市馬於回鶻也
馬不中式 良司 理其價直錢性鄙固樧之
而卒 良回鶻覺須馬為多
覺須侍寶話道官乃市馬計帝當入市中國
漢帝崇傳 以寶付 邊靈武節度使之指
揖帝茂自回鶻所阿皆當使入貢
王景崇傳 是時漢方新造鳳翔侯益永興趙贊

信武是何　姓名春秋稿

史業常山人，以其人與王武俊書，塞外周家名邑

何建其人，回鶻人，代與雲翔間

九國志李彥琦傳：昭宗西幸，舉祖迎駕，以功遷（此下奪某）年，及昭宗東還，長圍方解，大軍之後，府庫空竭，彥琦請使甘州，以通回鶻，往復二載，美玉名馬相繼而至，所獲萬計，茂貞賴之。茂貞傳注

甘州回鶻見崔從史注蕭傳中

李[illegible]人居京邸
畢嘉本名[illegible]
李應試　湖廣荆州人又名[illegible]
但太和多翔寺都將
朱之臣　董泰　蓟人
李春祖　晉人　濟寧西人
李世邊　鄭[illegible]　戴邦卿
李存玉　安闔中夫高
鮮纖　阜蘭州人　渾部
又　程之潛湖方寧
陸孝忠　又　同天中朝國英
拼[illegible]易乙　先治善生

[illegible]　花陽湖南[illegible]
陸兆以錦南僑
王身德　醫科宫中太學
首
李應元　柳溝[illegible]
卿林發
馬可拓　泉郡楚卑寺交利縉代
又松渭召天寶木斑閔中方
吏去元中部照元神寶元府
湖鄰佳拔鳳朝鄧考利發[illegible]山
南陔及敵倫之西蕃由善
一十七整
[illegible]

郝元覺
李元諒 擢安作慕安
且人为宜安縣黄之
不著

事在晉書[illegible]
[illegible]

屠日知遷壁分人祖柜
向人时律应村寨
平山故州

[redacted]

尉遲勝待國於前自來赴之難（新注上際）

見新書本傳（新注）東北珍亦疏勒吞

西中國（新注）

西域人入中國姓

北史恩倖傳云 西域賈胡龜茲雜伎封王開府接武比肩 訖齊末 下文和士開其先西域商胡本姓素和氏 安吐根安息胡人 亦以胡附傳 為儀同郎啓武平時胡小兒見卷末

隋書陳永貴隴右胡人本姓白氏 見劉方傳

世充本西域胡人祖支頹耨徙居新豐

稱西域人為胡

舊有哥舒翰傳：突騎施首領哥舒部落之裔

也。翰之母尉遲氏，于闐之族也。……謂翰曰

我父是胡，母是突厥；公父是突厥，母是胡。

與公族類同，何不相親？翰應之曰：古人云：野

狐向窟嗥，不祥，以其忘本也。敢不盡心焉！祿

山以為譏其胡也，大怒，罵翰曰：汝突厥敢如此耶！

翰欲應之，高力士目翰，翰遂止。

安禄山營州柳城雜種胡人也本無姓氏名軋犖山
母阿史德氏亦突厥巫師以卜為業突厥呼鬬戰神為
軋犖山遂以名之少孤隨母在突厥中將軍安波注
兄延偃妻其母開元初與將軍安道買男俱逃出
突厥中道買次男貞節為嵐州別駕收獲之年
十餘歲以與其兄及延偃相攜而出感愧之約與
思順等並為兄弟冒姓為安

考舊新兩史

思順傳

李文禄賊人

舊唐書李抱玉傳 武德功臣安興貴之裔代居河西
善養名馬為時所[illegible]稱羣從兄弟或徙居
京華習文儒與士人通婚姻者稍染士風抱玉少
長西州好騎射常從軍幕、、、乾元初太尉
李光弼引為偏裨
抱玉上言臣貫屬涼州本姓安氏以祿山構禍恥
與同姓去至德二年五月蒙恩賜姓李氏今請割
貫屬京兆府長安縣許之因是舉宗並賜國姓

安修仁與西域胡

新唐書李軌傳 卷八十六

附

高祖舞工安叱奴

新唐書李綱傳（卷九十九）

高宗時駛人安畢羅

見權懷恩傳（卷一百）

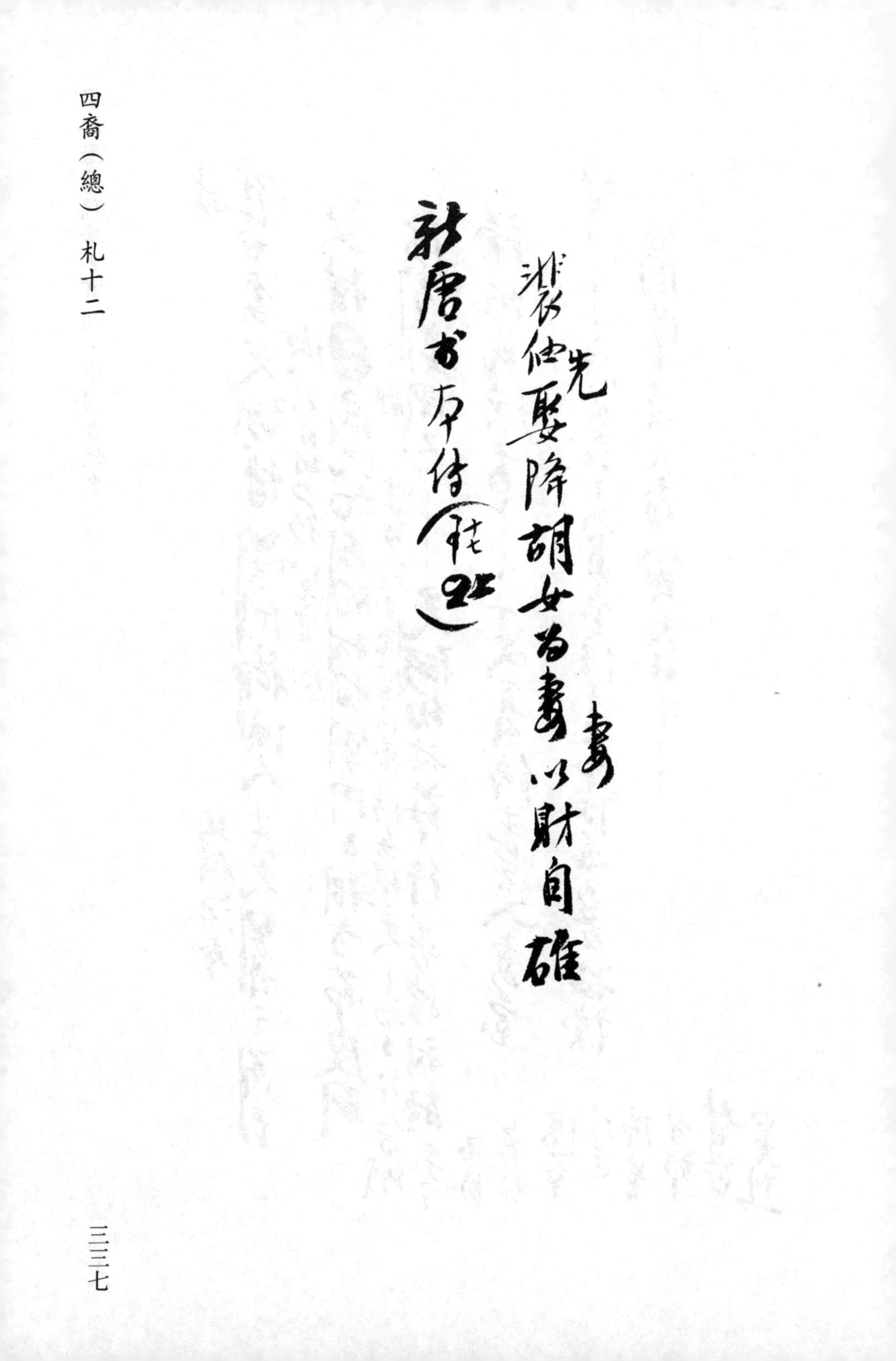

裴伷先娶降胡女為妻，妻以財自雄

新唐書本傳（卷十七）

新舊書李光弼傳營州柳城人其先契丹之酋長 父楷洛序

父楷[illegible]武后時入朝累官開元初左羽林將軍同正朔方節度副

使封薊國公、、、吐蕃寇河源楷洛率精騎擊走之、、、光弼幼持節行善騎射能

讀班氏漢書、、、丁父憂終喪不入妻室

楷固、、、終喪不入妻室事繼母至孝將讀

班固漢書、、、丈夫、、、

時嘗受命契丹高祖立爲其所頓自疑乃陰召
蜀人爲助高祖患之及已破鄴爲其擢貴請刃於
會回鶻入貢言爲党項所隔不通願以兵助
助高祖遣暑常以兵迎回鶻暑常以高祖已
疾召入臥內戒之曰爲其等已來養吾勿擾避難
則以便宜圖之
權家住從祖以下以其本姓臧人其先回鶻別派從戎隴從居靈中後
從唐武皇家于太原……祖君政靈州長史諱叢字直卿程公存

五代突厥

五代史紀同光三 突厥渾解樓〻遣使來 突
厥首領遣使來 天成三〻使張慕晉進 長興三杜阿
四年正月突厥內附 熟 天福六 薛同海 但云遣使作貢

襍傳 張彥澤 其先突厥部人也 後徙居陰山

又從太原

舊五代史高祖紀長興二年六月 房中書奏……北面頻奏契丹族移帳
近塞 吐渾突厥已侵邊地 乃以帝爲河東節度
使 前有進突厥南……世部 郭金海本突厥之族

西域人留在中國之甚多

新唐書一〇卌

黎州諸蠻領羈縻夷上等州二十六

開元十七年又領羈縻及梁下貴等州三十一

南路有廓清道部落主三人

婆鹽鬼主十人

又有阿逼蠻分十四部落路

黎邛二州之東又有凌蠻西有三王蠻蓋莋

韓[illegible]白周氏之遺種柳劉鄭三姓世為大
姓，各部立語之〔三五部落〕豈僅不向居攬調合
歲稟節度所索三千匹以調番後之屬
後志未就之頃國紅雲實[illegible]（鈞下批）

雅州西有通吐蕃道三：曰夏陽，曰蟠松，曰始陽。皆諸羌錯居，凡部落四十六。距州三百餘里之外，有[redacted]云云。七部落。四百餘里之外云云。十七部落。五百餘里之外云云。十二部落。六百餘里之外云云。五部落。皆羈縻之隸州也，以首領襲刺史（舊卌下十上）。

此河東諸州招情一十九州並生羌生獠羈縻州無户口可述（紀）。

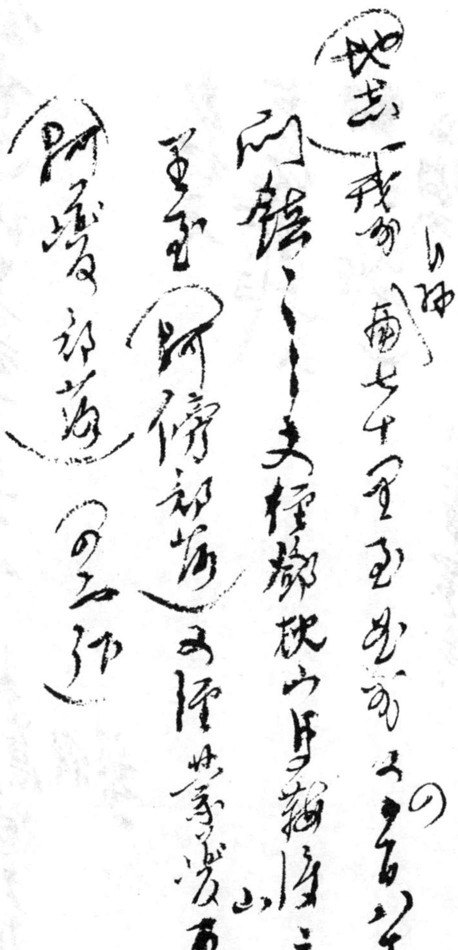

劉書通）議見之宋百七十八卷蘇轍傳（四之二下）

彭熊之

貞觀十二年六七

二年卅二

資治通鑑之

其實大曆十四年廿　二年卅六　大和四年三

中書門下八

（職道）頃借羅康一千九百（兩已匯）

並照羅生撥劉府之兩款（匯）

（職道）欽羅康五千五百兩也（已匯）

經費從前五千以前借款外今特再為羅康定（匯）

（盧函）

盧函都指十二兩由招務局撥還渠本戶日送至羅

康所（已匯）

清單（黑返）（何返）（韋返）（伍返）（程返）（吳返）晉吳、清、錢

如收到回音 丁酉年廿 順 思峨、韻 清、

（隴西）

北地七指揮會（黨）（向）（絡於）前（寒）（徽）（從）木可（以上）　疑羌　疑且羌　疑羌　疑可自羌

郭廣以七（維）（翼）兩斯浪途為已以程吸為已

坊安今州相為拓蹤之上（麻）東陸（　）五（達）羌北依之

（興）羌良王（靈）家良羌良王

右六州以前黃州利在前衛沿之和十相為二十一

州今不詳（以上）

天寶元以西涼郡姑

戎功

姑臧 五郎 貞六廿十七分

二千六百隴神萬蒲校身三六（四之四）

城光郎良糧皇匡郡尸

尊錦磨東宋微姚（長髮蹤）

在上二十六分六等高瓦鄉等郡指天寶之前郡貞

五係（四之八地）

（鑄劍）

（賜劍）卷二[illegible]玉霸[illegible] [illegible]

儀鳳二年加[illegible]三年[illegible] 天寶十二載[illegible]陽[illegible]

二十五[illegible]但[illegible]（北）[illegible]七十[illegible]

[illegible]年[illegible]但[illegible]

（金）（技）（疏）（費）[illegible]（美）見（鑄）（兵）

（船）（鍼）[illegible]（書）（寶）見

已[illegible]（[illegible]）[illegible]名[illegible]

皆入[illegible]（[illegible]）

（梁書）（陳書）、、、二二成紀傳之年後任蕭英[illegible]

（魏書）（北齊）（周書）（隋書）（南史）（北史）（舊唐）（新唐）（舊五代）

等乃所可以訪求者叙與所刊者由焉

（四二五）

四裔

廣源州（儂？）

在今安南涼山附　中國民族史279

南詔的康西二都城合異的
極東合異的史

亦薩中、劉伊莽旦蹄敷敷 松花諸碧創劾所見
天然之運河道 雖羊路興東甚大力
然彌隆元以中葉 乃筆糊迷。 垂撫而乃俊之。
至聖元清東了 清筆糊訓名諱。

拓東 今昆明。

殊退即 祿鄖江 云漆目庭迷瓷國的乃諛以姐
江出當府稱鄖江 江上流

南詔
仲牟
丨慎
[illegible]書

望苴蠻（程述）
尋傳蠻（程述）
裸形蠻（程述）
撲子蠻（程述）
施蠻（同上）
順蠻（同上）
磨些蠻（同上）
茫蠻（同上）
長裩蠻（同上）
[illegible]蠻（同上）
河蠻（程述）
望蠻（程述）

一、牟仇萬騎羅鬼萬安掌（[illegible]）。今貴州西南。（兩之[illegible]8）

（峯州）今之山西戎自韶（9）

（[illegible]）臨安府西（9）

六七九之調露[illegible]討[illegible]李[illegible]　潼亦　陽郡

今河內

日南人仕移嶺北

唐書152姜公輔傳愛州日南人 舊書傳138云不知

何許人

元和四世丹於此置波
其年復移於此城一
以中國名其國曰此城

通典稱挹婁即古不咸山（北）
今之寧古塔以其地在其東南臨距松花江口
據今之吉林以為其地在其東南之崎嶇
云
靺鞨路程川至在不咸山之南
國東二百里海中（注）
新羅程千里 杜佑 在其東南
一云濟
今之東陽村在九都紀在城北城（注）

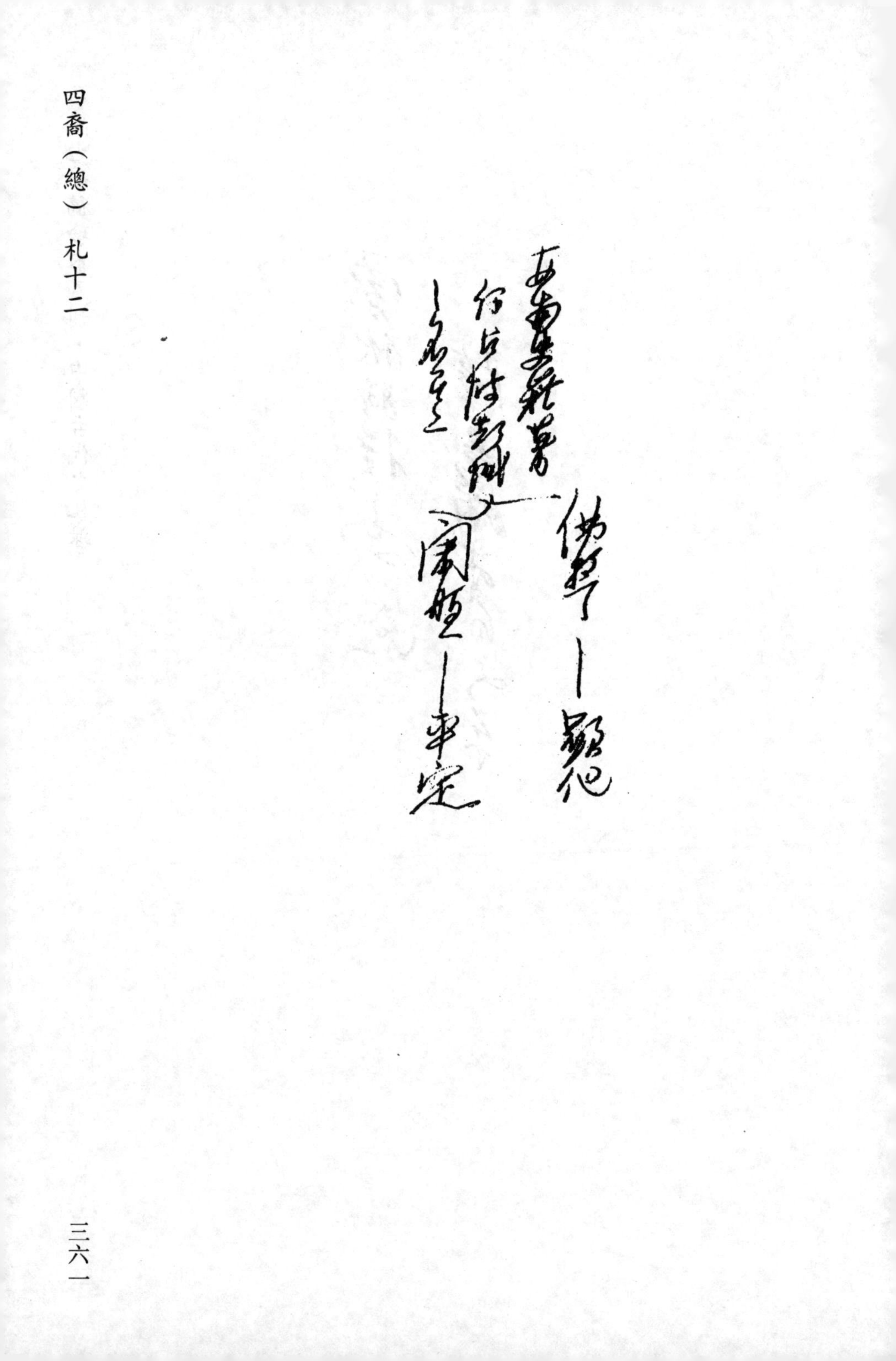

安南暹羅[illegible]佛郎[illegible]一[illegible]

[illegible]

[illegible]閩[illegible]一[illegible]定

賈耽路程之文單

陸真臘書曰文單

（驃國）

御覽卷七八七引魏晉人所撰西南異方志及南中八郡志：傳聞永昌西南三千里有驃國

舊唐書哀新驃傳引

郭義恭廣志（隋志著錄）驃國有桐木……

法苑珠林卷卅六引〃〃廣志 艾納香出驃國

（兩見著錄）

(雲南入緬西道)

自諸葛亮城(今騰越西 怒江龍川江間)

迦摩波國(見西道)者(37)，為第二道合 亦作迦摩縷波之省譯

西北渡(迦羅都河)即雅魯藏布江(40)

(第二道)

驃國 又經諸部

彌城 彌諾安西之地(38)

自黑山薑國 印迦摩縷波(39)(41)

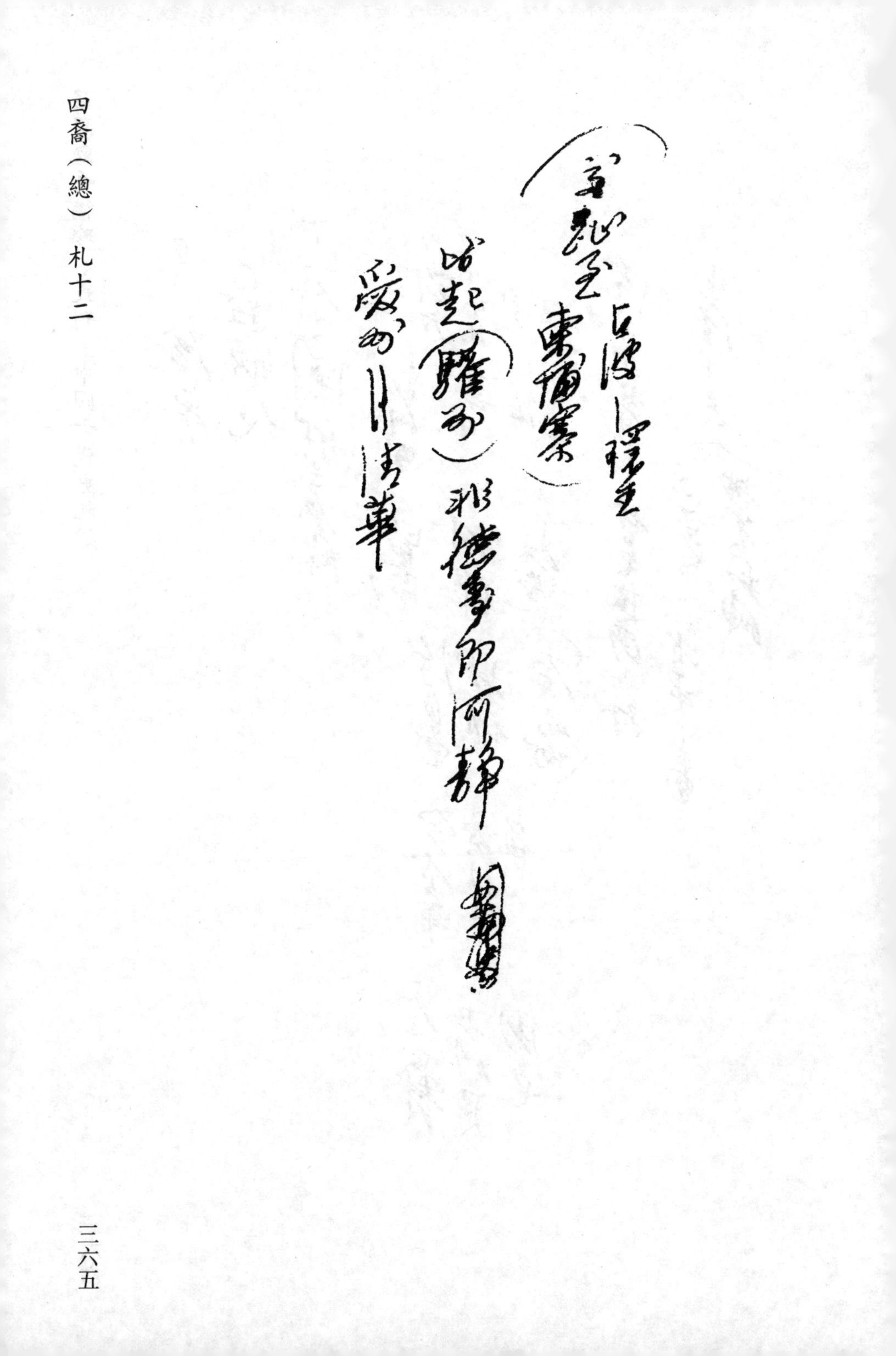

（寄款至上海一程星東甫處）收起（贈我）形德書即何靜 [illegible]

嚴兩川法華

C 廣平

B 日 順化

P A 閻體之麟

劉方之荀、 曹） 潘番 公廣平 共出棧

宋比之營 同陰 林詡 廣信二 古村厚人

紀之沖 林邑（唐林郡） 首 周邑

潭象林縣——林邑建國之縣

城惟林太（一云文）之資平之番 林邑縣

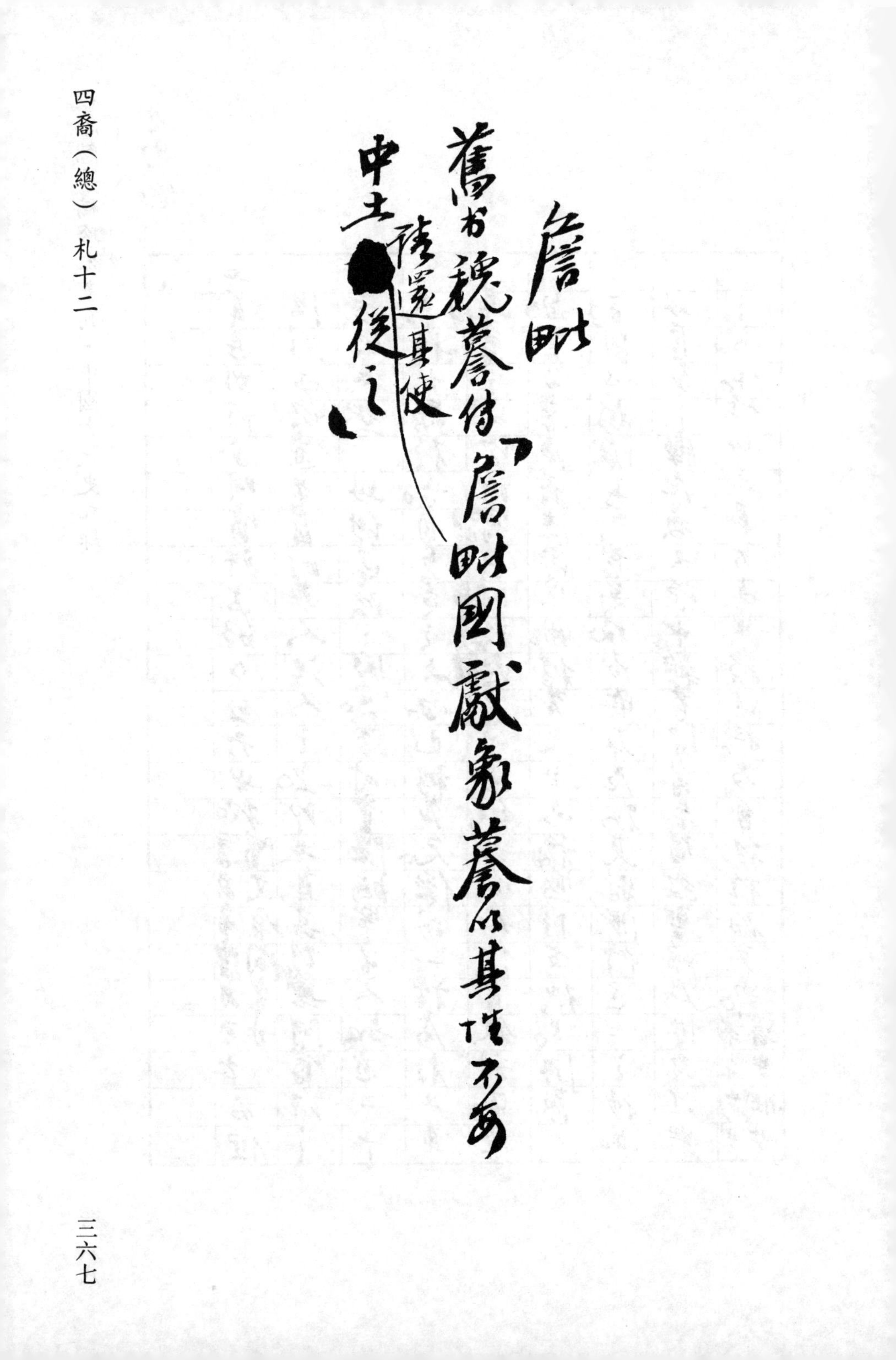

詹對

舊於續纂得

詹對圖獻象蒙纂入其性不安

中土陸還其使從之

四裔

土耳其斯坦與阿富汗之地。五六世紀。晉安帝隆安五年至隋文帝開皇廿 不但
嚈噠之遣貴時其人諸人之上。即土耳其斯坦與阿富汗之
方的白鯨。此外西域之歷史。亦有賴嚈噠為人所知。近二十
年。於古題於世。有多量之文學。已移為人。係用一種屬於土耳
其族之文字所寫。此等量之史稿之時期起自七世紀。其字母係自敘利亞字
起首為摩尼教徒所采用。繼為人之文稿。寫於皮紙上。流落人
間。用以藏。其土著宗教。多摩尼教及景教道士之抄本。
此等量之摩尼教文學中。雜有譯自基督教聖經及佛教經典
之文字。惟此土耳其文之早期材料。尚有待於研究也。參韋爾斯世界史綱卅

手六節案
の八〇）

周頌寫得鮮卑史傳

黃生刊之札記與、抽印作年

即從九年一拾年收

春の

○四裔

宋書州郡志：建安太守。本閩越。秦立爲閩中郡。漢武帝世。閩越反。滅之。徙其民於江淮間。虚其地。後有遁逃山谷者頗出。立爲冶縣。屬會稽。司馬彪云：章安是故冶。然則臨海亦冶地也。侍勤案：錄云。閩越冶鑄地。故曰安。閩更治此。不應循以冶名。蓋句踐冶鑄之所。故謂之冶乎。閩中有山名湛。疑湛山之鑪。鑄劍爲湛鑪也。

冊大北

○爨

雲南之名之始。在漢為永昌郡之縣　蜀漢分永昌為雲南郡

唐冊蒙歸義為雲南王　元設雲南行中書省

雲南之蒙古人。蓋元世祖所統兵　今惟河西縣三漁村有蒙古人數百戶　語言風俗仍守其舊而已

雲南爨氏碑。大小爨碑俱出曲靖　今南寧陸涼二縣地也　小爨不著作者　大爨為爨道慶作　文體書法皆漢晉正傳　祥光碑宣統時出於陸涼　僅存百五十字　碑首有祥光二字　因以名之　書似小爨　定為東晉時碑　孟孝琚為西漢碑

西海　今青海庫庫諾爾

鹽池　今達布遜諾爾

鹹海。今達里泊
[redacted]蒙兀兒與莫臥兒。蒙古Mogol入印度阿富汗者稱莫臥兒
Mogol失第一音節鼻音收音
哈薩克非哥薩克。沙西曼烏操郎哈薩克考云中國誤併哈薩
克爲哥薩克（Cossacks）俄文亦混稱爲Kazaks的人實
在不少哥薩克爲韃靼語騎士同是從十六世紀起至俄國十月革命
分布在頓河伯河根河烏拉河一帶特別形成的社會集體此中
哨躬的主要成分是些逃避兵役者和若干罪刑的募收壯丁軍
札之藪[redacted]西域史族新考葉四五

五代時東島三國

（高麗）同光三　天成四　[redacted]天福四　八再　八來　開運二再　二來

廣順二　六再　六來

皆使來　長興三年書云建為高麗國王舊同　開運二年書

王武　顯德五使往買銅　廣順二、六皆有使往

舊史紀天福三年八月青州王建立奏高麗國宿衛質子王仁[redacted]翟

（百濟）清泰三使來　乞救楊鄉界後之

（新羅）同光元二　天成二　長興三使來

以上皆見新史紀

吳越世家錢鏐遣使册新羅渤海王海中諸國皆封

封其君長

又據閩世家新羅遣使以寶劍聘閩

四裔通

八蕃　八蕃外西域。唐書西域傳贊：至高祖南面多臘西
至隋則此蕃是昔至突厥契丹靺鞨謂之八蕃，其外謂之絶
域。

外國地理書籍

舊唐書卷六・十九下　一八九上・七上

四裔西

阿育王所治城

出經律異相一卷十二頁

屬西

撲換西域記相跋祿加邊卜

印漢拓墨圖

○南西

龜茲鑄冶　共三十六國之用

見水經河注　二卷十三頁

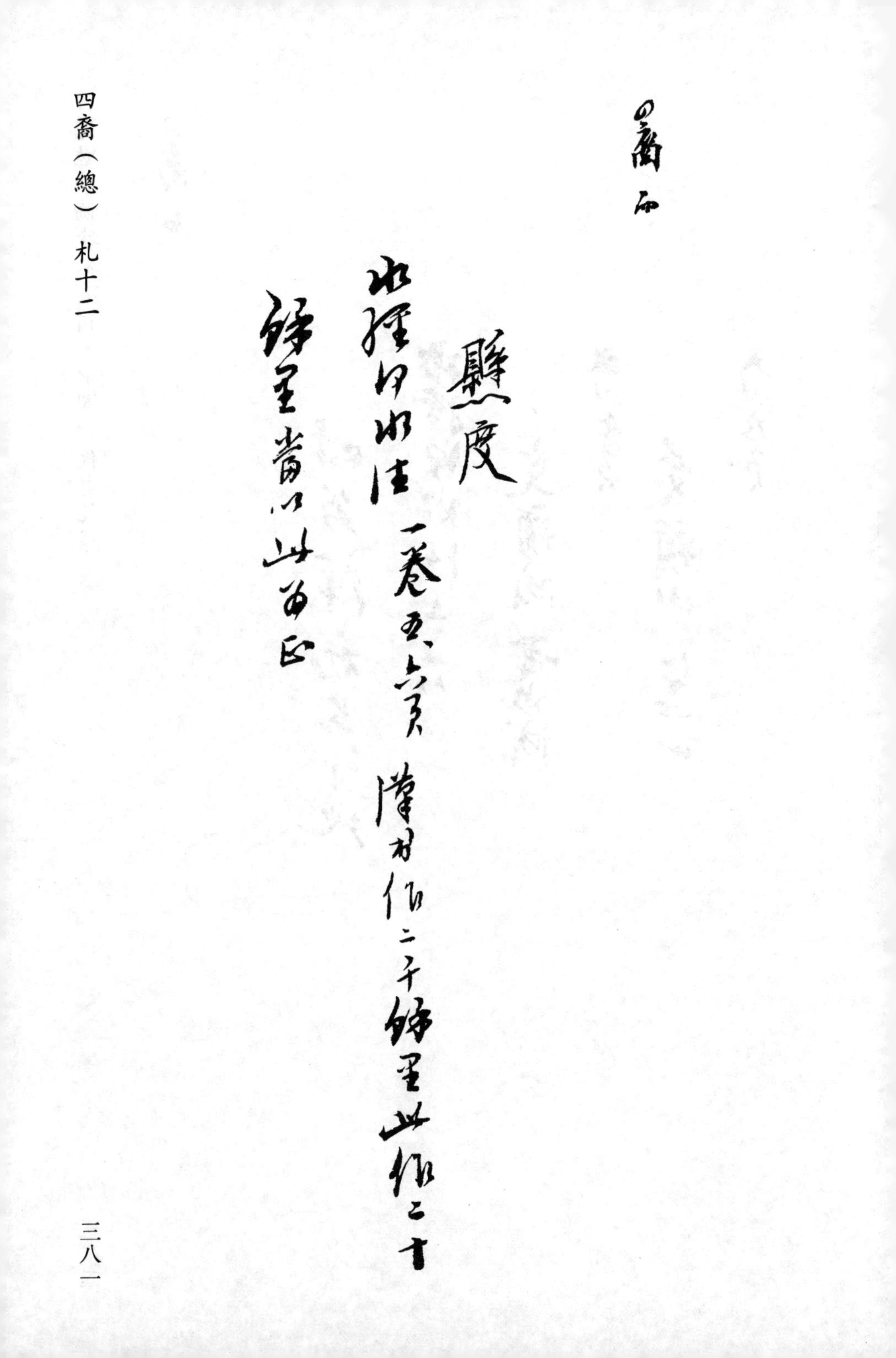

四裔函

懸度

此種印刷法一卷五、六頁陳材作二千錄星，此作二十

錄星，當以此為正

四裔 石

吐谷渾初居之地

水經河水注 二之廿八

曼頭城 赤水城

又卷五頁八

曼頭山 牛心山

又卷九頁八

青海 西海 僊海或云翁 卑禾羌海
作僊海

此據注二 廿五卅六頁